我对果儿说："妈妈太喜欢你了，都爱到骨头里了。"果儿说："妈妈，我也把你爱到我的骨头里了。可是，妈妈，骨头里有刺，会不会疼啊？"好可爱的女儿！

肖琪 果儿 ——— 著绘  果 儿， 妈 妈

# 要 画 你 一 辈 子

中国青年出版社

每一个孩子

是上帝送给每位母亲的珍贵财富

都是落入凡间的精灵

# 引言

医生对我说，这个孩子对我来讲"弥足珍贵"，所以提前十多天她就降生了。从看到她的第一眼，我就深深地爱上了她。

我可怜的身体，由于先天发育的问题，要一个自己的孩子是非常困难的事情，这也是后来反复流产之后才知道的。为了能有个孩子，我用了整整 5 年时间，忍受了身心的极大伤痛，先后做了 2 次子宫修复手术，3 年内一共 4 次全麻醉手术，万幸的是一切都好。终于怀孕了，而且保住了，这个来报恩的孩子，她就是——果儿，我的天使。

作为已经步入家庭的女性，不喜欢孩子，能生而不生，是洒脱。但是，如果喜欢孩子而不能生，那却是非常痛苦的事。尤其，每每看到别人的孩子天真可爱的样子，内心更是一种煎熬。想要孩子而不能，这其中经历的心路历程只有自己能够体会，伤心、绝望、痛苦……曾经有一度想过要再次踏入独身的行列，生活可能来的更容易更洒脱一点，也不至于耽误了好人。上天怜悯，把小果儿送到我身边，她阳光的微笑，一下子就抚平了我的伤口，于是，就有了以下我和果儿的种种故事……

和小果儿一起成长，作为果儿妈妈的我，也仿佛重新从童年成长了一遍似得，开心的不得了。充分享受着养育果儿的这段美好时光，和果儿一起的种种快乐情绪常常引得他人羡慕。以至于果儿的姥姥常说："我看啊，你就像80岁才来了个宝，爱到离谱"。的确，可能是太不容易了，格外珍惜！

记得果儿2岁的时候，有个假期我带她回老家，临走的时候，把果儿放在奶奶家，我独自回到北京后常常夜不能寐，想果儿到不行。一日，拿起铅笔开始一笔笔描绘我的天使，描绘她似乎能够减轻思念的痛楚。和果儿唯一的不到一个月的分别，便是我开始拿起画笔描绘果儿成长日记的开始……

小果儿2岁不到就上幼儿园了，每天兜着尿不湿在园里跑来跑去。因为太小，老师怕其他孩子玩耍时撞到她，总是抱在怀里，我去接的时候，常常看到，果儿在老师怀里蹦啊跳的。2岁半不到的时候，果儿在幼儿园第一次画画，晚上我接到园长电话："果儿妈，我发现你家小果儿有点绘画方面的天赋，第一次画画，感觉非常不错！我准备把她画的画裱起来，和大点孩子的画一起在六一活动的时候展览。"我有点激动："是真的吗？的确有点惊喜。"

总听人们说艺术细胞是会遗传的，有些孩子生来就带有某方面的天赋，父母喜欢画画的孩子也许真的会有遗传……于是放下画笔十多年的我，准备再次拿起画笔，画果儿，也可以给她做个引路人……

观察果儿，她的的确确非常喜欢画画，小朋友应该是涂鸦吧，家里的墙、门、到处都有她的杰作，窗帘上也是，爸爸的车座套上也是。只要是手上拿着笔，就开始涂涂画画，而且兴趣盎然，常常几个小时专注的乱画。偶尔想说她，可是看着她投入又可爱的样子，实在不忍心。心里想：那就画吧，等大点的时候，再重新刷墙好了。

于是，我在画果儿的时候，她也是涂鸦的状态，有时也会看看妈妈在画什么，看到她开始的无序线条，变成越来越有表现力的画面，我还很羡慕，觉的她创意无限呢……呵呵！

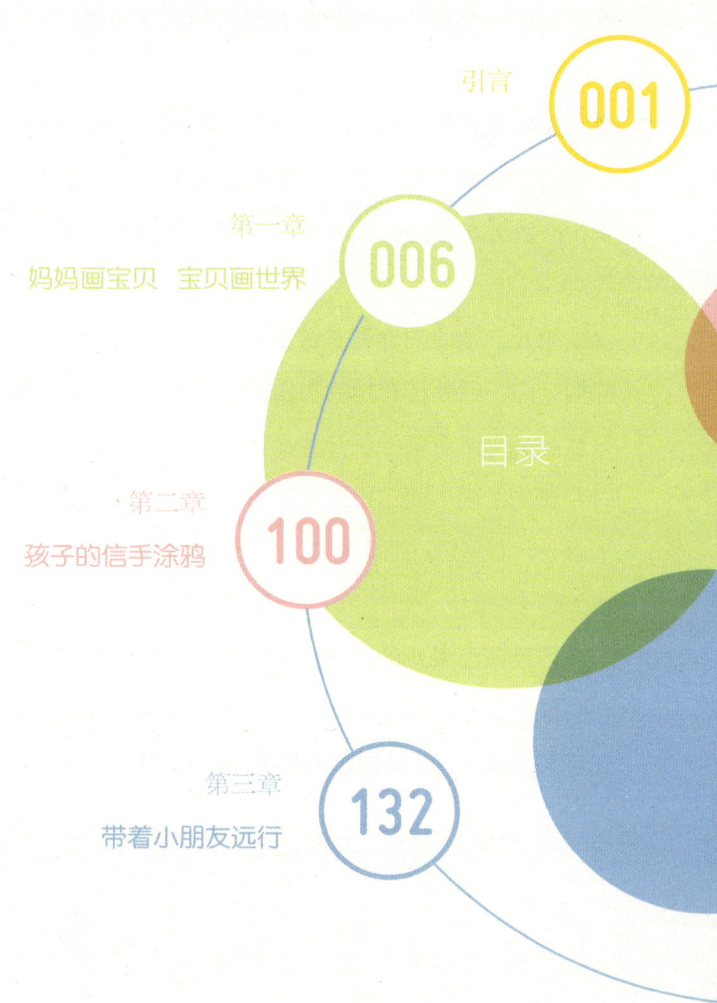

目录

用绘画的方式
默默地记录孩子的成长，
把母亲那份浓浓的爱意一点点渗透进来，
其实母爱也可以很深沉。

第一章

妈妈画宝贝
宝贝画世界

果儿说：
妈妈，我好想有个伙伴陪我玩……
于是画张面对面一起玩的果儿，
算是陪她玩吧。

2 岁　果儿和自己（布面油画 80cm×80cm）

医生对我说，这个孩子对我来讲"弥足珍贵"，提前十多天她就降生了。从看到她的第一眼，我就深深地爱上了她。

2 岁的某一天，带着她出去散步，走着走着，果儿停下来，抬头看什么呢？哦，是在看月亮，果儿稚嫩的样子让人着迷，我就喜欢在旁边默默地观察她，看她玩，睡觉，吃饭，甚至连她偶尔的哭闹也觉得可爱的不得了……

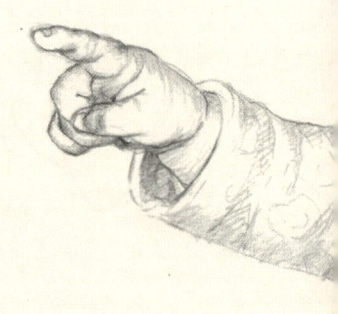

果儿最喜欢和妈妈爸爸出去玩了，2岁多的时候，带她去动物园，看小山羊、小猴子……可是她却只对动物园里的花草和小石子感兴趣，孩子是按照自己的生长规律成长的，我们以为她喜欢的，其实并不是她那个阶段真正喜欢和关注的。

带果儿出去玩，有个商店的售货阿
姨送给果儿一张漂亮的卡片，果儿
拿在手里，样子萌萌哒，不知道是
喜欢还是不喜欢……

果果画的小兔兔也是萌萌哒！

果儿每天都很开心，很少见到她不高兴，偶有情绪，一转移话题她就又快乐起来了。果儿到 3 岁半的这段时间我们一直是很随意的方式和她相处，她喜欢吃手指，让她吃，从吃整个拳头到一个个手指轮流吃，很快吃完了，不再感兴趣。吃奶嘴也是，不限制她，她自己会选择停止的时间。

关于尿不湿，我尝试过半夜把尿，可是她没
有睡醒，很不高兴的样子，那就让她睡好了，
其实我也不喜欢，我们都随自然大家都好好
睡觉，现在她3岁多了，尿不湿基本上不
用了，一觉睡到天亮，尿布上也是干干的。
于是家里所有人都开开心心的生活。孩子有
自己的生长规律，我们能做的就是在旁边默
默地观察、配合，不能过多地干涉。

带果儿去香港迪士尼玩了，玩得好嗨，可是，果儿第一次坐飞机尿裤子了，光着小屁屁，包在漂亮空姐给的小毯子里，下飞机拿到行李才穿好裤子。果儿一路上还是欢歌笑语的，和她在一起，所有的事件都能成为另一个快乐的开始。喜欢她积极快乐的心态，向孩子学习这种看问题的角度。

果微笑

果儿的运动细胞很好，总是喜欢
跑跑跳跳的，欢快的笑声，吸引
着我的眼神不停地追逐着她……

果奔跑

果儿 3 岁时的暑假，被送到外地奶奶家，果儿妈第一次和小果儿分开。
强烈思念果儿的妈妈，开始用铅笔描绘出她迷人的微笑。

果儿写的字母小朋友一个个都在微笑呢！

想她了，又一张；小果儿再有 10 天就回来了，应该长高了一些，很盼望哦，我真是个没出息的妈妈！下次回家看老人不能再把孩子留下了这么长的时间了，不知道孩子怎样，妈妈有点受不了了。

我对她说："果儿，想爸爸妈妈就打电话，我们去接你"。一次果儿在电话里只是说"我要回北京"然后就哭了，反复就这么一句。结果我没有去接她，怕她哭也不敢经常打电话了，我是不是做了说话不算话的事情呢……

果儿观察小草

果儿有次在微信里给爸爸唱歌"我小姑娘……"接下来就咿咿呀呀的唱着，自娱自乐的欢快的不得了。画这张画的时候，果儿唱歌的样子就在眼前……

果果自画像

躲在妈妈身后的小果系列

果儿明天要回来了，很开心，看来要告别用铅笔描绘她思念她的时光了，能够触摸到她娇嫩的脸庞，拥着灵动的小身体，可以一起玩耍……由衷的幸福，时间可以再走得快一点哦！

果儿的小表情

果儿笔下的小鱼

小果儿长大了

果儿回来了，带她去云南玩，十一哪里都人多，但是小朋友很开心，和我们一样早上7点出发，晚上9点才回到宾馆。累了直接躺在爸爸妈妈腿上。每天笑眯眯的，和她在一起，再辛苦的旅程都充满了快乐。

果儿第一次泡温泉，穿着漂亮的游泳衣，特意在镜子前照了照，点点头说很漂亮，开心地在水里游来游去，说自己是一条鱼儿，一会游到妈妈这一会到爸爸那，声音娇娇的，我们只是看着她，幸福就已溢满一池的水……

坐着等妈妈

在云南大理古镇，果儿走累了，坐着等妈妈。而我却不停地拍着古镇恬静、优美的景色；规划着以后可以来这里长住，画画、休息。那时候，估计果儿已经是个大姑娘了，不知道还愿不愿意陪着妈妈。

旅行的每一天，都能开看到湛蓝的天空，雪白的云彩，呼吸到纯净的空气，果儿想摘一朵白云带回北京，呵，北京什么时候能有这么蓝的天空……

果儿和妈妈是最好的朋友了，一起睡觉，一起抢着吃东西，一起玩儿，一起背诗，一起画画写字，一起做饭，一起洗碗，甚至一起抢着上厕所。

一次果儿对小朋友说，我妈妈从来不说我，仔细想想，是真的哦，果儿长这么大，我的的确确没有说过她。

可是，我觉得她很优秀，每天那么开心，带给我很多快乐，没有什么需要我说的……果儿和妈妈在一起是最最开心和幸福的了，其实她不知道，妈妈和她感受一样，也是最幸福的……

果儿和妈妈坐火车

果儿甜蜜微笑如蜜糖般充满我的心房。果儿去
"爷爷的菜地"就像是去郊游一样，刨土、和
泥、浇水忙得不亦乐乎，爷爷说种点菜，就是
要让果儿看看植物的生长，看看从一粒种子，
神奇般成长和孕育果实的过程。果儿乐在其中，
西红柿发芽了，开花了，有小果实了，起初是
绿色的，小小的，渐渐长大，变红了，摘一颗
下来，酸酸甜甜的，"真好吃"果儿这样说。
在小菜园子里，果儿还见到了豆角、丝瓜、辣
椒、玉米，尝到了它们新鲜的滋味。

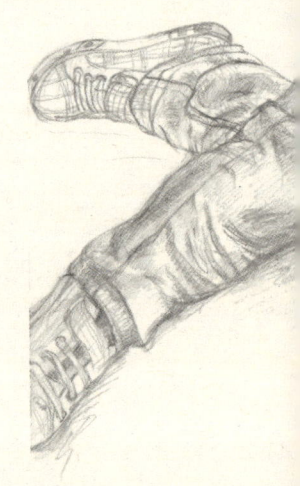

对了，红薯，还躺在菜园子里，这周是不是要
带果儿把红薯先生们挖出来了……

爷爷是位退休的外语教授，种地是为了锻炼身
体，顺便给果儿一些对大自然的感受。偶尔也
用英语和果儿交流，嗯，果儿有个这样的爷爷
非常不错……怕果儿凉，果儿爸爸还带了小毛
毯，果儿最幸福了……

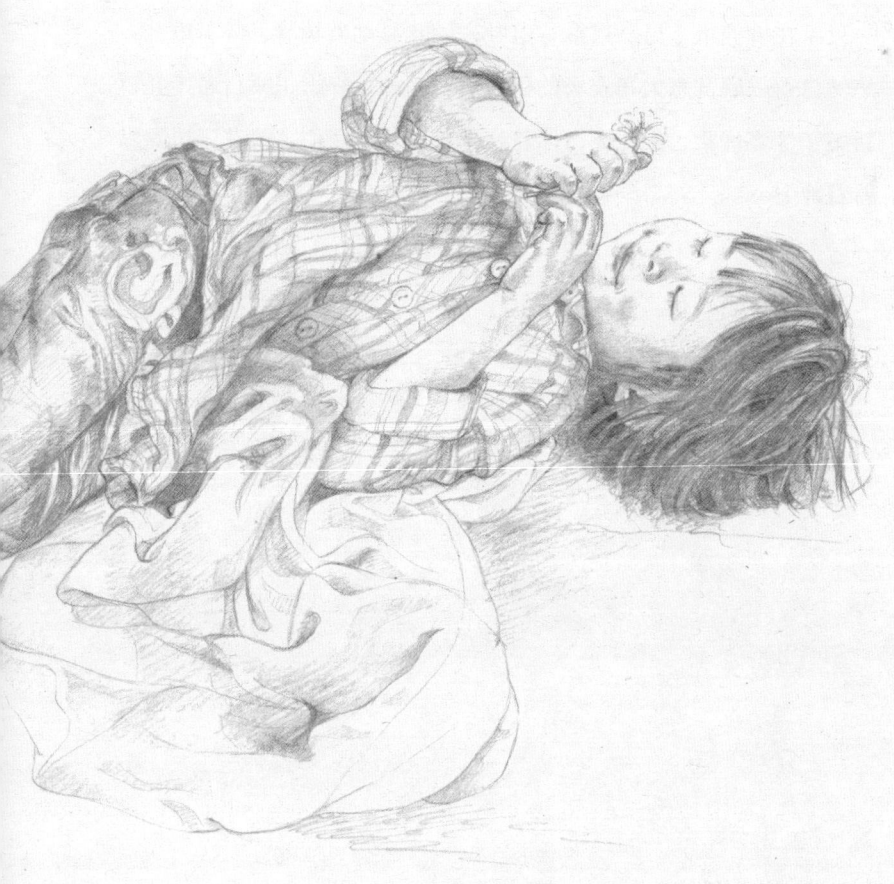

去菜地，果儿幸福的像花儿一样

一只手在裤兜里，另一只拿着落叶，果儿晃动着树叶，哼着歌儿，
悠然自得的欣赏意大利农场的秋色。对面的草坪上正举行着婚礼，
新娘子漂亮优雅。果儿呢，伴着音乐跳着舞。我们，就在旁边默默
看着她……

**果儿画的小孔雀**

果儿和爸爸妈妈去划船，小小的她藏在救生衣里，眼睛忽闪忽闪的，

灵气十足。昨天画完这张画的时候，果儿就在旁边，看了看，说道：

"妈妈，我觉得你画的还不错。"样子认真又可爱，我被逗得笑翻了，

哈哈……

果儿画的爸爸妈妈总是为她
穿多少衣服，吵啊！吵啊！

果儿对妈妈依赖又信任。她们是一对好朋友。和妈妈在家的时
候，果儿总是哼着小曲，有妈妈教的，也有幼儿园教的，玩玩具唱
歌、洗澡唱歌，上厕所拉粑粑也唱歌，妈妈听着果儿唱歌，注视着果，
心里很美。

果儿感受到妈妈的目光，冲妈妈笑笑，不一会儿就又在自己的小世
界里哼上小曲了。有时候一边唱歌一边还给自己讲故事……

果儿遗传了爸爸的好身体，在小朋友中间，她总是穿得最少的那个。我呢，常常担心她穿得太少而生病，有时到了焦虑的地步。为此，和这个胡须爸爸发生了不少争执！呵呵，他们是陪伴我时间最长的亲人，是因为担心彼此，才会有争执啊。还有呢，就是两个人都非常爱这个小果儿。果儿手里捧着的是神堂峪野长城上的雪，一边爬一边玩儿，跟随着爸爸妈妈爬了三个烽火台，毅力超强，最后是我这个妈妈提出上面太危险了，下吧。嘿！小家伙身轻如燕……

我最爱的两个人，幸福的在一起。果儿到姥姥家去，调皮地和姥姥玩着藏猫猫的游戏，母亲在这个时候仿佛年轻了很多，从她爱怜地看着果儿的表情里，看到母亲对我无私爱的延续……

画这张画儿的时候，我在心里挂念着母亲……

工作在外地，常常非常想家，想母亲，却不能经常回去看母亲，果儿上学后，每逢假期，可以把小果儿送回老家，请老人看护。我也能借着接送孩子，增加回家乡的次数，看看我的老母亲，陪着说说话儿……

祖孙俩相亲相爱

3岁多了，果儿每天成长都有新的进步，昨晚发现她在沟通上一个新的变化，需要妈妈帮助她的时候，知道用撒娇的方式来达到目的了，呵，在此之前果儿如果有需求不被答应时就会哭闹，或者用其他带有情绪的方式表现。昨晚，小家伙居然会用温柔的撒娇策略了，被拒绝后对自己的情绪也有所控制，笑眯眯地继续和妈妈沟通着，最终妈妈被说服，愉快地帮助了她，两个人都保持了良好的交流状态。果儿在情绪控制方面又进了一步，不错哦！

这张画是小果儿坐在小床上，爸爸在喂水果给她吃，开始画了爸爸的大手拿着勺子，感觉很奇怪，手擦掉了，于是果儿的爸爸成了"神仙爸爸"，勺子自己在喂果儿吃东西呢！

**拿着狗尾巴草的果儿**

小果儿对任何事物都充满好奇，连这小小的狗尾巴草，都让她专注
了很久，出去游玩，一路上把玩着。本来一走路就嚷嚷着抱的她，
被忽高忽低的路、路上的积雪和各种植物吸引，神堂峪野长城居然
也顺利地爬了上来。和爸爸妈妈一起沐浴在温暖的阳光下，果儿兴
奋得直接躺在城墙上晒起太阳来。你听，还哼上小曲了呢！

果儿感染人的笑

小果儿开怀的大笑，具有超强的感染力。在她每天的各种笑容里，妈妈也觉得生活蛮有劲的呢。周末，爸爸加班，只有果儿和妈妈在家，果儿不受限制的玩儿，一会儿工夫，卧室和客厅都成了她的占领地，玩具到处都是，几乎到了没有办法走路的地步，看着她专注的玩儿，给每个玩具起名字，编故事。妈妈安静地在一边，不忍心打搅她，只负责做好食物……果儿说："妈妈，我玩得太高兴了，现在有点累，想睡觉了"，说完倒头便睡着了。醒来后，看见家里又干干净净的，和她一样，玩具们又都在各自的箱子里睡觉去了。妈妈已经打好了洗澡水，小鸭子、小熊都在水里等着和她一起玩呢，果儿在浴缸里哼着小曲儿，愉快地和小鸭子说着话。晚上睡觉的时候果儿说："妈妈，今天好开心啊！"妈妈其实也乐在其中，没有什么比看见一个快乐自在的孩子更舒服的了。

下班接果儿回家，小果儿和妈妈一起练瑜伽，有个瑜伽姿势叫“顶峰功”的，小果儿在妈妈肚皮下面一起做，叠成罗汉的样子，相互对视一下，笑了。果儿忽然噘起小嘴亲了妈妈一下。妈妈也立刻回亲小果儿一下，果儿和妈妈的瑜伽总有这个小动作出现，呵呵。

妈妈练习的时候小果儿像个小瑜伽师一样，一会对着妈妈说，腹部放松，肩膀放松，松……有时说：“妈妈你做得很好”，还会说：“腿再低一点，再低一点”，妈妈和果儿很享受这个瑜伽练习过程。

昨晚，圣诞节前夜，果儿睡觉前，妈妈爸爸说，要早点睡哦，圣诞老人会给睡着的小朋友优先给礼物呢，早上会在圣诞树下的袜子里找到。果儿立刻上床睡觉，小声地说："开着灯圣诞老人不会来，我们赶快睡吧。"半夜里，妈妈起床把礼物放在袜子里。圣诞节的早上，果儿很早就醒来了，不用爸爸妈妈唤着起床穿衣，在圣诞袜子里摸到礼物的时候，眼睛张得大大的，开心的不得了，嚷嚷着：圣诞老人太喜欢我了，给我送来我最喜欢的"小魔仙"。

画这张画的时候，还想着小家伙早上兴奋的样子呢。

明天就是 2013 年了，要把它过成充满快乐的一年，果儿圣诞节幼儿园表演节目了，穿着中式对襟白色武术服，梳着小辫子，跟着老师和音乐跳着"床前明月光"的舞蹈，眼睛不时地寻找台下妈妈的身影，看到妈妈就羞涩地笑一下，妈妈连忙竖起大拇指夸夸她。

果儿动作记得很熟练，稚嫩的舞蹈姿势让人十分爱怜，妈妈爸爸也是第一次见小果儿梳小辫，感觉很乖、很漂亮。平时在家妈妈可不敢梳，轻轻一梳果儿就疼了，还是老师有办法啊！

果儿睡在小床上

今天是果儿4岁的生日，中午买了一个漂亮的生日蛋糕，晚上，又能看到果儿幸福的小样子了。很期待哦。

果儿长到4岁，带给我的快乐远远大于养育她的辛苦，真的很感谢她。小小的她，聪明、乖巧、健康、活泼，最为重要的是非常理解爸爸妈妈。从2岁起早上6：20就要起床去幼儿园，起床的时候虽然也不愿意，也想赖床，但是，还是配合着爸爸妈妈，每天如此。为此妈妈一直很感动，认为果儿相当优秀。

在幼儿园，果儿基本是全勤的宝宝，很棒呢！

　　窗外，雾霾散去空气透亮，想起果儿上个月生日发生的事。蜡烛点上、唱生日歌，果儿许愿吹蜡烛，爸爸妈妈在桌子对面幸福地看着果儿，果儿鼓起小嘴吹灭了一个，忽然，旁边的火苗蹿到小果儿右侧垂下的头发上，着起来了。爸妈太远手够不着，眼看着烧了上去。果儿却没有惊慌，眼睛盯着火苗位置，小手迅速抓了几把，火灭了，爸妈才冲到她面前，一股烧焦东西的味道，足足有5厘米以上的发梢烧没了，右侧的眉毛也烧掉些许，果儿若无其事，依旧高兴着。

　　那天晚上，果儿说生日很开心，可是妈妈，我不要转到右边睡，头发有臭臭的味道。于是，剪短了她稍长的发。用铅笔描绘当时的情景时想着后怕，姥姥来电话提及此事，果儿妈被严厉的批评了，孩子太小，一定要看护仔细，任何时候不能离孩子太远，尤其是面对水火等危险情况时，要和孩子保持在可控的安全范围内。深刻检讨中……

果儿吹蜡烛发生的故事

果儿笔下的秋天

今天是年三十，在单位值班，打完一圈电话，一切正常，安静的画
会儿画。果儿温柔嗅着小蘑菇的甜美神态让我觉得这一年过得充实
幸福。也祝福所有的朋友，新年到了，快乐生活每一天。

小果儿才 4 岁，最近经常和妈妈讨论自己"小时候的故事"，看见小朋友学步，就问妈妈，我是小 baby 的时候是怎么学走路的？还要求妈妈抱着自己哄一哄，当个小 baby 的模样，闭着眼嘴里发出"咿呀、咿呀"的声音。嫩嫩的小孩子学着更小自己的样子，逗着妈妈开心，实在有意思极了。妈妈配合着她的需求，心里想：怎么会有这么可爱的孩子呢！这是 1 岁前的那个圣诞节，果儿带着小鹿角在家，腿在学步车里来来回回飞的样子。

果儿在学步车上，家里园子里四处溜达，一只脚一蹬，学步车就飞出去很远，自由自在的想去哪就去哪，有时把家里碰的叮叮咚咚的，之后不久的一天，就不用学步车了，自己走，但果儿还是想用一只脚蹬蹬地，体会飞一段的感觉，结果摔了，爬起来的时候，有点疑惑，"不是以前可以飞来飞去的吗？"。

"我小时候是怎么走路的"

果儿小兵！果儿爸是个军事迷，了解很多军事知识，也喜欢摆弄军事方面的事物。果儿经常是爸爸的帽子模特，喜欢的帽子总要给果儿戴。有时候果儿也待在一边看看摸摸，很认真的样子，看来女孩子也不一定都喜欢脂粉，果儿4岁多了还没有学会挑衣服穿，没有要求穿裙子什么的，难道和他爸爸一个爱好？不过，果儿妈小时候也是假小子一个，疯得很，喜欢打抱不平，常帮弟弟打架。

希望果儿爸带果儿去学个跆拳道……弄个黑带高手，哈，到时果儿就天不怕地不怕了。

我家的小兵

果儿小 baby

果儿最近有点累了，上完幼儿园一周的课，小小的孩子，居然会出现黑眼圈，妈妈很心疼！果儿还是没有睡好觉哦，早上起得太早了！等上了学会更辛苦……还是小 baby 的时候好，可以想睡多久就多久。

看着疲倦的孩子，想想没满月的果儿在爸爸怀里睡着的样子，那个时候果儿还是很幸福的！爸爸每天下班都喜欢轻轻柔柔地抱着小果儿，仔仔细细地看，互相眨着眼睛，父女俩互相咯咯地笑着，爸爸轻轻地摇着小果，哼着他儿时听过的小歌谣：小老鼠，上灯台，偷油吃，下不来……画面定格喽！

专注的玩 naoli

**果儿专注地玩沙**

果儿专注地玩沙。真不知道沙子对于小孩子意味着什么，果儿对沙子堆的热爱和玩沙时的专注劲儿，有时候让人非常无奈，长达几个小时沙子堆玩耍后，临走的时候依旧恋恋不舍，继续央求妈妈，再玩 1 分钟，再玩 1 分钟，可是，果儿的 1 分钟真的好长啊！看着她投入的玩，妈妈就继续 1 分钟又一个 1 分钟的等待着，舍不得打扰孩子的好兴致……

帽子歪歪戴，媳妇儿来得快。果儿幼儿园运动会戴的小军帽，让我想起小时候，班里的男同学人手一顶，用曲别针整整齐齐地别出帽子的棱，像履行某种仪式一样，所有的人都争先恐后地做着同样的事情……

现在，想让大家统一做相同的事，难度很大了。没有了当时的那种心境。男生们是否还记得争抢有部队番号的军帽时打架的情景……

帽子歪歪戴 媳妇来得快

果儿又长的了一点哦

果儿又长大了一点，前几天和果儿在院子里玩，不小心，小果儿左手大拇指被一辆三轮车车门夹了，大哭，果儿长这么大还从没这么哭过，哭的叫人心疼，妈妈不知道孩子疼的程度，准备将自己的大拇指放在车门边，也夹一下试试，体会一下孩子的感受，看看手指骨头有没有受伤。可是，正在哭的果儿看到妈妈的行为，立刻不哭了，抱住妈妈不让试，生怕妈妈也被夹疼，妈妈被拦住了，果儿疼得继续趴在妈妈怀里哭着，妈妈被深深地感动了……

有个女儿
真好！

我有个女儿

早晨，果儿噘着嘴说："妈妈，天都没有亮，你就把我叫醒了！"果儿妈回答："果儿，你现在够幸福了，爸爸妈妈轻声唤你起床，放动画片吸引你起床。妈妈小时候，一大早姥爷在隔壁房间咳嗽一声，妈妈就要马上起来，不然戒尺就来了！"

"哦，这样啊"，果儿乖乖起床了！

果儿病愈，圆圆的小脸，瘦了一圈。

果儿说：没事的，会再长回来……

小果儿生病了，发烧，呕吐，到医院里输液打针。果儿回家就在
纸上下了这一情景……

果儿柏愈
圆圆的小脸
瘦了一圈
果儿说：没事儿再去回来！

Xiao Qi

果儿睡得香

夏天的早晨，一睁眼，看见果儿睡得香，甜甜温暖的依在身旁，仔细地看了又看，忍不住亲了亲，哦，妈妈的小小睡美人儿……

晚上，果儿要拉着妈妈的手，才能入睡！小手软绵绵的，很温暖！

果儿笑起来，真让人陶醉，她有四个小酒窝，一对小小的在嘴角，一对在脸蛋儿上。可是果儿的爸爸妈妈都没有酒窝，看来，果儿实在是个太爱笑的小公主了，妈妈希望果儿就这样每天快快乐乐，笑眯眯地度过……

今天是果儿的"独立日"，晚上不回家，要在幼儿园和小朋友一起度过，她很开心，妈妈也替她高兴，可以自由自在一晚上了，明天幼儿园还组织郊游，果儿真幸福！

有四个酒窝的小果儿

果儿弹奏尤克里里

果儿和她的尤克里里小吉他。很久没有给果儿画画了。小家伙越来越漂亮，和她一起疯快乐无比。果儿在艺术学校喜欢所有的乐器，这个摸摸那个看看，仿佛有用不完的精力，钢琴、古筝、吉他、架子鼓、每个都要弹弹摸摸，兴趣盎然，呵呵，就让她玩个够吧，把小时候自己想做没做的事情通过果儿痛快的过把瘾！不做要求，就是玩儿……纯玩儿！

幼儿园的小伙伴

馋猫果儿舔去嘴唇上最后一滴奶！今天是果儿最后一次使用奶瓶喝奶了，快5岁了，不能再用奶瓶了，会影响牙齿的生长。可是，果儿很怀念有奶嘴的日子，每天天不亮，爸爸妈妈起床先做好一瓶香喷喷的奶，睡梦中的小果儿闭着眼睛，小嘴就吮吸着美味，然后，笑眯眯地醒来。

最近，要陪着她慢慢适应这个变化。生活在北京这座城市的孩子，似乎很小就注定要比其他城市的孩子辛苦一点，睡得少一点。只是，希望孩子的眼中并没像成年人那样认为……

馋猫果儿舔去嘴唇上最后一滴奶

# 我 好想养一只小猫

果儿很喜欢唱歌，家里每天都充满着她的歌声，有时听她在卫生间里欢快的唱着歌，爸爸妈妈会相视偷偷笑笑，哇哦，小果儿的歌声可真好听！

希望果儿每天都有唱歌的好心情！

果儿唱歌真好听

果儿看动画片时，捕捉到的样子，小家伙很投入，完全不知道，呵，霸气的神态有点夸张，希望长大后，可爱的果儿不要怨妈妈把她画的不漂亮了！

有时候会想，到底是要把果儿培养的淑女温柔，还是个性自我，前者别人感觉舒服，后者自己感觉舒服，当然，内心里希望孩子觉得自由开心最好了！

霸气的小果儿

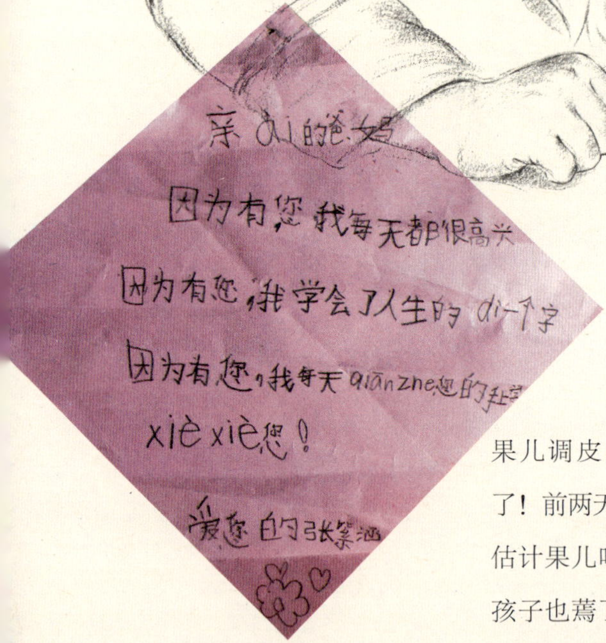

亲ài的妈妈

因为有您,我每天都很高兴

因为有您,我学会了人生的di一个字

因为有您,我每天qiānzhe您的手学

xiè xiè您!

爱您的张箫涵

果儿调皮的和妈妈玩捉迷藏,太可爱了!前两天果儿幼儿园自助餐,丰盛至极,估计果儿吃杂了,周末在家,吐了多次,孩子也蔫了两天,稍稍好点就咯咯地笑着和妈妈捉迷藏。

心疼她生病,喜欢她开心!

果儿和妈妈比谁的眼睛大，互相盯着看来
看去，古灵精怪的样子十足惹人爱怜！

果儿今天郊游，昨晚欢快的给妈妈唱歌、跳舞，兴奋得不得了。到超市买东西的时候，快乐的情绪，让柜台前排队的成年人乐的呵呵地笑着，看着果儿，每个面孔都洋溢着笑容，孩子就是这样传播正能量的。——快乐其实就是这么简单。

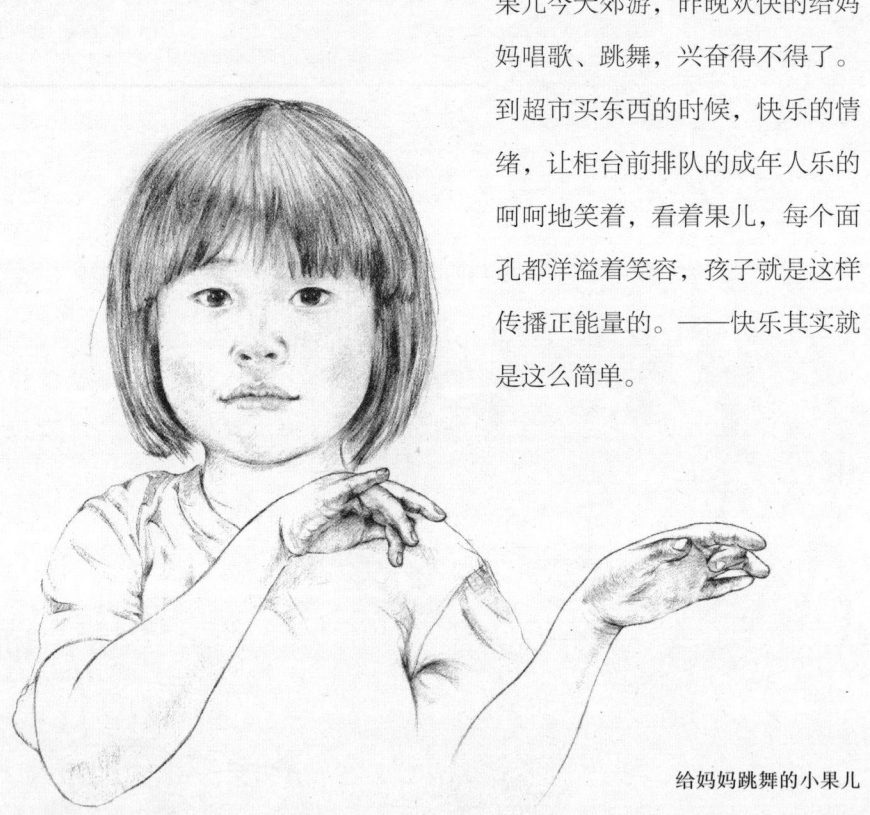

给妈妈跳舞的小果儿

郊游的果儿，欢快地歌唱！

果儿的欧洲之行过得很舒心，除了飞机上十几个小时她不太适应以外，其他时间总是高兴得不得了，睡的香香，吃的美美。好像也不存在什么时差的问题。只要能有小朋友，不管是哪个国家的，很快打成一片，好像还交流的很好，叽叽咕咕的和外国孩子们乐作一团，真是让人羡慕。在凡尔赛宫门口排队等候，还要和妈妈逗着玩儿。

我们入住欧洲的宾馆，床都不大，不管是双人的，还是单人的，要想和果儿挤一张床，是万万不行的哦，果儿虽然 5 岁，也一定当个成人一样看待，自己睡自己的床，才能有个舒服愉快的旅行。

凡尔赛宫前逗乐

**果儿在威尼斯小息**

果儿上学前班，明显懂事了，知道妈妈每天带她辛苦，在班车上，果儿说："妈妈，你睡吧，我好着呢，一会儿到家了我叫你……"

有时候，也会躺在妈妈腿上，脚儿翘的高高，假睡一会……

接果儿放学，一定要准备一些好吃的，果儿一边开开心心地吃，一边叽叽咕咕地说着唱着，真是"少年不知愁滋味哦"。今天，她点的是"老婆饼"，一会去买给她。

上学路上妈妈和小果儿互相笑眯眯地
看着，唱着歌，真开心！

2014 年十一长假过后，上班了，
上学了。很不适应哦！早上舍
不得叫醒果儿……

周末的早晨，睡到自然醒的果
儿，美美的笑眯眯地望着妈妈，
可爱的不得了！昨晚，一定是
做了好梦，梦里唱着歌呢。

果儿学前班变化很大哦，每天看她摇头晃脑的背着《三字经》《弟子规》等很长很长的国学文言文，还真是有点佩服，我小时候，好像背不出来……

果儿越加的调皮了，脑袋里总是思考着什么，有次哭泣，我抱在怀里哄，小家伙居然问："妈妈，你为什么总是我哭了之后哄我呢？"，我说："你什么时候哭，我可不知道，只能等到哭了之后再哄喽……"

周末爸爸回家，果儿说："有爸爸在，真好。""家里热闹了，也暖和了呢！"也许这就是一家人要在一起的原因……

果儿 幸福的一家人

可爱的果儿

果儿一直想养小动物，小猫、小狗、小兔，蝴蝶甚至蚂蚁什么都好。可是果儿妈工作太忙，没有办法帮她实现愿望。有天，果儿许了心愿，希望圣诞节的时候，圣诞老人能送给她一个可爱的小动物……

平安夜，果儿的圣诞心愿，蚕宝宝送到家里了，小家伙好开心！真以为是圣诞老人送的……不能告诉她，其实父母才是每个孩子的圣诞老人。

果儿的蚕宝宝来喽!

果儿嚷嚷着要去郊游，拥抱大自然……

去郊游，树林里，果儿和妈妈捉迷藏，两个人跑得很疯。忽然，妈妈一把抓到了果儿，在小脸蛋上亲了又亲！果儿说："妈妈，你快把我亲晕了"，果儿妈问："那你要一个亲你的妈妈，还是说你的妈妈呢？"果儿立刻回答："当然是亲我的妈妈了"。呵呵，果儿妈偷着乐呢！大人们总是这样骗小嘴嘴亲的……

春天、太阳、暖风、鸟语花香

拥抱大自然

果儿睡着了

小果儿放寒假了，在家没人照顾，只能每天和妈妈一起上下班，在妈妈单位里果儿乖乖的，自己玩，不影响妈妈工作，真是个好孩子。

今天，开学了，妈妈送进教室，见到同学，果儿兴奋的打招呼，你好！你好啊！小朋友们新学期见面心情都超好……

果儿描述的学校

　　一年级的小果儿是个非常不错小学生，早上 6 ：15 就起床了，虽然叫起的时候妈妈有点心疼，但看到醒来后笑眯眯的小果儿，妈妈一天的心情都被果儿的快乐感染了。一起上班上学，一起下班放学，是非常幸福的事情！果儿说："妈妈，我每天都不能迟到，要不会扣班级分的。"真是个很爱自己班级的小朋友！

小果儿倚在沙发上

果儿上小学适应得很好，但是玩儿的心思，一点也没有收敛！回到家，还是在玩具堆里出不来，想不起来复习或者预习功课。看来学习习惯的养成不是容易的事……加油，小果儿！

孩子上幼儿园和小学有明显不同，小学开始有任务、有作业了；每天要学新知识、新技能；虽然有了一点压力，但是孩子的心智还在幼儿期，协助孩子顺利成长，家长需要在小学初期配合学校教学，每天协助孩子学习、复习、预习功课，引导孩子逐步养成自主学习的好习惯……

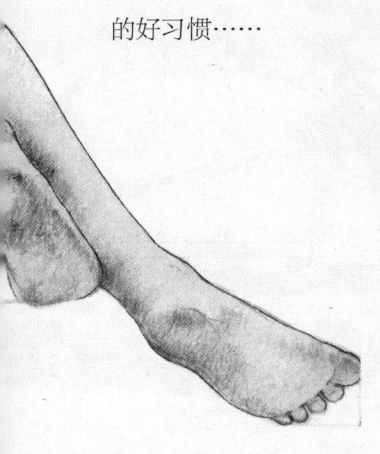

孩子的 3-8 岁，

**是最具创造力的阶段。**

毕加索终其一生都在试图
重新找回孩子在这个阶段的创作灵感。
放开手让孩子们尽情地涂鸦吧，
你只需稍稍给点鼓励。

第二章

孩子的
信手涂鸦

果儿甜蜜的笑容如蜜糖般温暖我的心扉。

画果儿其实是更加快乐的一件事情……

她可能不知道……

3岁　果儿甜蜜的微笑（布面油画 100cm×80cm）

2 岁

果儿，你不在身边，妈妈非常非常想你，你现在做
什么呢？你可爱的小样子总是出现在妈妈梦里，迷
人的小酒窝，咯咯的笑声，眼睛一眨一眨的和妈妈
藏猫猫的调皮劲儿，噢，真的好想你哦……以后，
不管有多忙，一定要把你留在身边……

## 孩子的信手涂鸦

周末在家，陪着孩子。果儿安静的涂鸦，妈妈在一边整理她的涂鸦成绩，已经是厚厚的一沓。可能家长的行为，潜在的会影响到孩子，果儿自小就喜欢涂鸦，尤其是最近，估计手握笔的姿势熟练起来，就更加喜欢涂涂画画了。每天，果儿和爸妈都会挤在那个不到 10 平方米的小书房里，各自娱乐一会儿，爸爸依旧华尔街英语，妈妈是个电影、电视剧迷，而果儿就喜欢夹在爸爸妈妈之间的桌子上涂鸦。

妈妈从来不干涉果儿画什么，只准备笔和纸，让她尽情地画，对啊，只要不在墙上乱涂就万幸了。小孩子涂鸦正是他们认识事物的过程，成年人不能用自己的眼光要求他们，他们的视角和我们的不同，如果画面呈现的效果和我们认为的不一样，也不要加以干涉，因为那就是他们看到和感受到的。果儿妈大学及上班初期曾在青年宫任教 5 年，教 3 岁到 12 岁的孩子画画。那时候，果儿妈就常常认为孩子画的比成人画得丰富多彩许多，也从来不要求孩子们画得一样，所以，果儿妈班里的孩子各个画得都有自己的感觉，上课也都玩得非常开心，孩子们的作品参加北京绘画比赛中，大多都获奖了。相信是那些不一样的画面，透露出的童年快乐打动了评委。在整理果儿这些涂鸦的时候，果儿妈依旧有这种感觉，孩子涂鸦的画面很有感染力，他们眼中的世界一定比成年人的精彩有趣。

果儿笔下的蜗牛

画完一张，果儿会问妈妈，我画的好吗，妈妈通常都是转过头仔细看一眼，说棒极了，然后，继续在自己的大片或电视剧里泡着。果儿一张接着一张画，一边画一边嘴里还讲着故事。这会儿，纸上画了很多蜗牛，果儿扭头问道，"妈妈，蜗牛有牙齿吗"，"当然有了"果儿妈头也没抬得回答道。于是果儿画的蜗牛就长出了尖尖的牙齿和长长的腿脚（如图）所以，对小孩子的每个问题都要认真对待哦!

有时候果儿一边讲故事一边画画，故事情节就自自然然地在画面上呈现了，表现的非常到位，常常让我感到羡慕，果儿的绘画灵感怎么来得这样容易呢? 仔细观察孩子画面，能够体会到孩子每一张涂鸦的背后，都承载着他们的成长和对环境事物的一些思考。这些内容有时成年人是不能体会的。

把整理好的部分拍了照片，也算对孩子成长的一个记录吧。这些画面都很有意思，有些构图和结构，对比成年人的绘画作品，也是很有创意的，只不过成人的绘画创作大多是刻意的，而孩子多半是在潜意识里完成的，更加有趣生动的多。

从果儿涂鸦刚开始杂乱无章的线条到有意识的表现内心活动，能体会到一个小生命如何成长，并通过观察、借助线条和色彩来描绘表达这个世界，是个很有意思的过程。

观察和记录孩子的成长过程，本身也充满乐趣，果儿妈也仿佛重新成长一次似的，这种快乐相信身为父母都能够体会得到……

有时果儿一边讲故事一边安静的画画，常常一画就是一、两个小时，妈妈就可以乘机做做家务或自己的事。以下都是小果 3-7 岁的时候，自己画的画儿哦，是不是相当厉害！

四个好朋友

妈妈和小果儿

一起玩的小伙伴

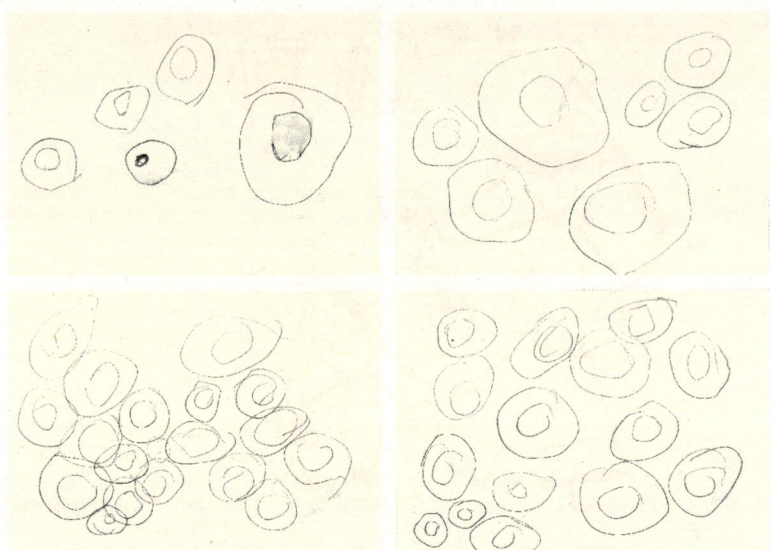

有次早餐，给果儿做了荷包蛋，她非常喜欢吃，不久在涂鸦上这样体现了。

带果儿在神堂峪长城下的农家院吃饭，那里有个猪圈，果儿很喜欢里面的猪，说要带回家去养，于是画成这样了。

过年的时候家里买了玫瑰花，从绽放的美丽到枯萎，小果儿说玫瑰会笑也会哭……

动物园美丽的孔雀（刮画）

我家的鱼缸

小蝌蚪找妈妈

放风筝喽

果儿讲故事：有一只老鼠在偷吃西瓜，引来其他老鼠一起偷吃；猫来了，抓住了一只小老鼠，其他的老鼠都吓跑了；还剩下一只只顾着吃，什么都没看见……

两只天鹅一起玩

一艘船

我们在黄瓜园里摘黄瓜

长颈鹿小兔子还有棒棒糖

跳舞的小人

果儿的小房间

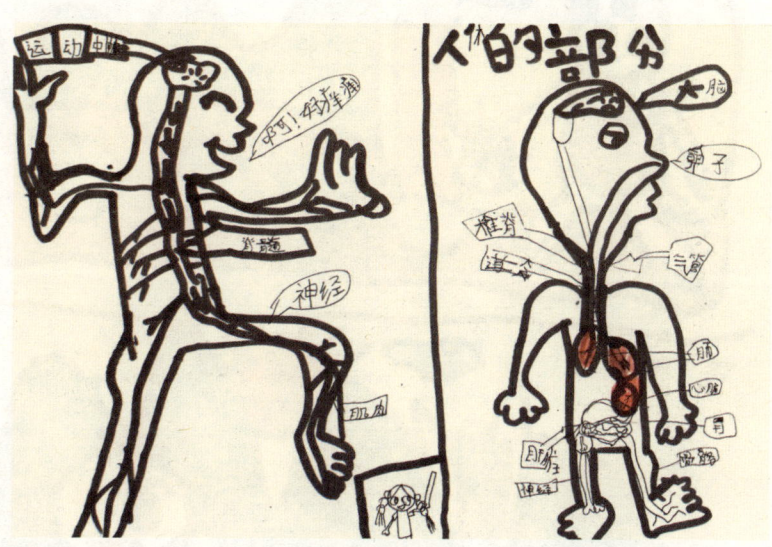

人体认识

果儿故事：有一只小兔子想给大家分享自己的苹果，出门后，它经过小竹林，见到了小熊猫，送给小熊猫一个苹果，小熊猫很开心；走着走着，小兔又遇见了小猫，给小猫也分享了它的苹果，伙伴们都很高兴，小兔也快乐的回家了！

圣诞老人送礼物来了

蚂蚁王国

天鹅湖

昆虫的家园

爷爷去散步

荷香鱼趣

旅行是很好的教育方式。

通过旅行孩子能培养自立能力，
忍耐力和挑战精神。
旅行能开阔孩子的视野，
见的世面广了，
孩子未来的格局就大了。

第三章

带着
小朋友远行

果儿，

在蓝月谷畔，嗨翻了，

一遍遍要求，要摸摸这漂亮的水。

妈妈呢，就一次次带她下去，

鞋子湿了，

起风了，

一起的游客有位小姐姐递来这件蓝色的外衣，

小小的果儿穿着姐姐的大衣服，

感觉非常可爱。

果儿一会儿玩玩水，一会儿看看草，

飞来飞去的看的妈妈眼睛都花了……

4 岁　果儿在蓝月谷畔（布面油画 70cm×60cm）

## 3 岁

3 岁的小果儿，灵气十足，已经像个大人一样，夜里不用尿不湿了。

昨晚，果儿说："人，不是小萝卜。"半夜果儿想尿尿，但是瞌睡又阻止她起床，妈妈在床边拉着果儿的两条小腿，抱起她尿，果儿眼睛没有睁的说了这句话，嘿，还挺幽默的！

我和果儿爸都非常喜欢旅行，有闲有钱的时候，总是想出去走走看看。果儿还没有出生的时候，果儿妈常常一个人就出发了，记得有一年的十一假期，果儿爸出差在外地，整个十一可能都回不来，果儿妈悄悄参加华东五省自助游，出去玩了。在上海的时候，果儿爸竟然也在同一地点，不同的是果儿爸爸在加班中，果儿妈在轮船上欣赏上海滩夜景，假期结束后两人一起回到家的中。

但是，爱玩的爸妈自小果儿出生到她3岁的时候，除了回老家，哪儿都没有出去玩儿过呢，小果3岁了，最最重要地是她不用带尿布湿了，应该可以带着她四处走走了……当然孩子更小的时候也可以带出去玩，但是如果孩子还不能自己解决不带尿不湿时，建议不要出远门，照顾孩子太辛苦就失去了远途旅行的乐趣。

## 快乐香港（果儿3岁）

香港给我留下的印象非常不错，光是旺角周围的小吃，就让人流连忘返。不冷不热的天气，干干净净的街道、舒适的宾馆客房、设计科学的游乐场、童话世界般的迪斯尼、安静优美的九龙公园，不用匆忙赶时间的悠闲状态以及第一次带着小果儿出来旅行的兴奋劲儿，一切美好的记忆都仿佛在香港定格了。和果儿翻看照片的时候，似乎还能咂吧出旺角街边许留山水果捞的香甜滋味……

2012年1月的一天，我们一家3口，前往香港，小家伙第一次出远门，一路上欢呼雀跃，有爸爸妈妈陪同，别提心里多高兴了，在旺角逸东酒店服务台等房间的时候，小果儿发现一面镜子，坐在小推车里和镜子中的自己打着招呼，"嗨，你好，我和爸爸妈妈出来玩儿了。"记得酒店对面的超市早上卖的鱼丸非常好吃，小果儿喜欢吃。早上到这个超市里买点鱼丸，带回宾馆给果儿，果儿还没有起床，闻见鱼丸的香味，一骨碌爬起来，光着小屁屁就开始吃了，那个摇头晃脑美滋滋的样子现在还能想象的出。

从宾馆出来，果儿走在香港的加士居道，油麻地街道上，左看看，右转转，新奇的不得了。香港的街道都比较窄小但相当干净。夜晚的时候街上四处都是霓虹灯闪来闪去的，红绿灯也很有趣，红灯的

时候是节奏较为慢的嗒嗒声，绿灯嗒嗒声则变得非常快速，似乎在催促着人们迅速的过马路。听到快速的嗒嗒声音，过马路的行人不经意间加快了穿行的速度，小果儿最喜欢快节奏的嗒嗒声了，看着人们竞走似的滑稽样子，小家伙总流露出一脸坏笑，可能觉得大人们也有卡通的时候，嘿嘿……果儿一会走走路，一会又要求坐车推着她，带小朋友出来一定要带小推车，果儿爸妈能够自由自在穿行在香港的大街小巷全依赖这个四轮的小东西。果儿累了可以在上面坐，困了直接睡着，小被子一盖，像个流动的婴儿床。果儿爸妈依然可以到自己喜欢的地方随便玩。

## 迪士尼

1月5日我们带果儿去了香港迪士尼，天气不是十分好，有点冷，中间还下了一场雨。不过我们玩的还是十分开心。到迪士尼有专门的火车，车窗都是米奇的样子，车里还陈设着动画片里的动画人物。迪斯尼像一个真正的童话世界，所有的建筑都和动画片里见到的一样。宫殿、城墙装点的绚丽多彩，如同你走进童话故事般。我们的眼睛都有点顾不过来了，入口处有个吹泡泡的机器，不停地吹着一连串的泡泡。果儿追逐着泡泡，那个高兴劲无法用语言表达，我们仿佛也回到了儿时，和她一起重温童年的梦幻世界。

果儿坐了旋转木马和小飞象，迪士尼游玩的项目很多，小果儿那时

候还不到 3 岁，除了一些 3 岁孩子限制的项目，我们都一一带她尝试了。

有位摆弄空竹的年轻人是个老外，空竹的样子、设计也西洋化了，看他上下左右地操作着，空竹似乎自己长了翅膀，跟随着年轻人的意愿，飞来飞去的，果儿在旁边看得兴起，喊着"真棒！叔叔"，小手拍的啪啪的，年轻人舞动的更加生动了。

随便走着，就能见到各种游戏的场景，浑身绿绿的小兵人和你拍照留念。"妈妈，是玩具总动员里的小兵人嘛，他们都长大了呢，"果儿说道。不想走也可以乘坐这样的古董般老爷车溜溜。坐船穿行在迪士尼怪兽丛林，小果儿紧紧依偎在妈妈怀里。

迪士尼广场上有个会走路的米奇玩偶，做工十分精致，果儿年龄太小，居然认为这个会走路的米奇玩具是活着的小动物，蹲下身子和米奇说了很多话，叽里咕噜的样子十分认真，惹得周围的行人和销售小姐都呵呵地笑了，临走，还不忘和米奇说再见呢。

在迪士尼，不管是广场或是沿街的商店，到处兜售着饱含迪士尼元素的小玩意儿，果儿身上围着的这个米奇围巾帽子就是其中的一件，做工非常好。记得 2012 年 2 月份公司年会联欢时我们出的一个节目里，这个围巾帽子还充当了不错的道具呢。在这里给果儿还买了其他一些好玩的东西，其中一个米奇露西公仔，穿着漂亮的高跟鞋、小裙子，是小果儿自己挑的，喜欢的不得了，一直抱在怀里不愿意放下，结果在回去的路上乘坐地铁的时候丢了。香港的地铁和北京的一样也非常拥挤，带小孩子出行要看护好。下了地铁，果儿看看自己的手和胳膊，抱着的露西不见了，难过了起来，我赶紧四处找了一圈，哪里还有踪影。果儿爸担心孩子伤心，我们一起在沿街的玩具商店寻找露西的影子，可是竟然没有一个似果儿挑的那个漂亮、精致。还好，从迪士尼买的那些玩具里，有个糖果桶上面坐着个米奇，把这个给果儿玩，顺便给她一块糖果，小脸上立刻露出了笑容。小孩子就是这样，哭和笑，来得快，去得也快……

回到北京以后，果儿偶尔会记得她的露西，会说；"妈妈，我的漂

亮露西还在香港地铁里呢。"3岁前的事情她记得十分清楚，可是，为什么老人常说3岁不记事呢。看来现在的孩子和他们那个时候是不一样，聪明机灵很多。

在迪士尼广场上，小果儿跑跑跳跳，可爱的笑声吸引了过往的游客，果儿尤其对各色各样的泡泡感兴趣，总是追逐着经过的泡泡，笑得咯咯咯的。赶紧抓起相机，捏下果儿这些快乐的样子。孩子的童年就是应该这样度过，快乐，快乐，还是快乐！

果儿观看米奇和唐老鸭的声像表演，被灯光影像创造出来的奇幻世界吸引，看了一遍又一遍，那些动画里的人物，一个个真的飞到果儿的眼前，果儿一会拿手模摸，明明看到了，怎么没有摸着呢⋯⋯

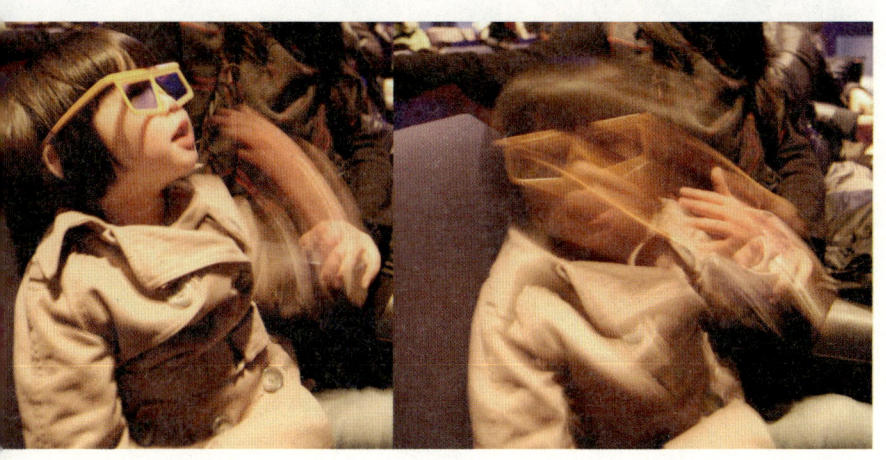

呵呵，看着她可爱的样子，妈妈爸爸更加快乐。对了，还有大型的歌舞表演，几乎再现了迪士尼所有经典动画，期间，动画里的人物还走下舞台围着观众席欢跑，全场嗨了起来。

几天的行程结束了，我们踏上了回去的路程，在飞机上果儿尿裤子了，

坐在漂亮空姐给的小毯子里，像模像样的和妈妈一起看着杂志。窗外的晚霞红艳艳，暖洋洋的好似我们回家的心情。 这里需要提示一下，3 岁左右的小朋友坐飞机，旅途太长时，有时可能控制不好小便的时间，需要提前准备更换的衣物。

4 岁

果儿生病了，妈妈很担心，说：让妈妈亲亲，把病菌传染给妈妈，果儿就好了。果儿不让亲，说道："妈妈，不能亲，我不想让你生病，我喜欢你……"用烫烫的小身体抱着妈妈，安慰妈妈道："吃完药我就好了……"

## 梦幻云南 （果儿4岁）

2013 年年初，我就一直计划着带着果儿出去玩。于是，早早报了去昆明、大理、丽江的旅行团。9 月 30 日出发，旅行团的时间都安排的奇奇怪怪的，和正常的时间不大一样，我们的航班是晚上 9 点出发，第一站到了昆明机场已经是夜里 12 点，果儿在飞机上的兴奋劲已经过了，困得歪在我的臂弯里睡着了。凌晨 1 点多才到了宾馆，6 点就要起床出发了。

10 月 1 日，早餐后，前往大理，路过叶榆天泽景区，碧波万顷的洱海出现在眼前，这里真是个天然大氧吧，空气透明无一丝水气，阳光透着清亮，没有了北京雾腾腾灰蒙蒙的感觉。我和果儿大口大口地呼吸着这纯净的空气，早起的困顿，早已烟消云散。洱海看完，驱车前往大理古城、洋人街。这里有点北京后海的感觉，但是相对后海而言，古城雅致宁静许多，没了人声鼎沸，熙熙攘攘。

古城遍布卖货的小商店，陈列着各种花花绿绿的民族服饰和小玩意儿，果儿喜欢其中的一把小小的伞，于是，买给她。小家伙拿着小伞跳起了舞蹈。

古城的人们闲闲地坐着，小溪静静的，流过。

大理古城悠闲自在的气氛让人迷恋，真想坐着这个椅子上，什么也不做的发发呆，呵，其实，我一直认为，发呆是最舒服的状态。什么都不想，什么也不做。

果儿累了就直接睡在爸爸妈妈的腿上，颠簸的车程最适合睡眠了，果儿一路憨睡，变换了不同的姿势。奇怪的是，平常身体素质较弱的我，因为小果儿的存在，似乎变得强壮起来，竟然没有感觉疲劳，以往都是睡的颠三倒四、腰酸背痛的。在家被果儿唤作"懒羊羊"的爸爸，身体健硕如军人一般，守护、支持着我们，每天早上第一个起来叫我们起床，一改周末在家睡懒觉的样子，哈哈。

又一天清晨，去丽江玉龙雪山，天有点阴，但是没有妨碍我们游玩的好心情。玉龙雪山海拔4000多米，顺着云杉坪索道上去，已经是4100多的海拔了，山上云雾缭绕，山峰时隐时现犹如仙境。

下了缆车，我有点犯晕，脚下飘飘然的，竟然走不大稳了。担心果儿，赶紧看看她，小家伙居然还在蹦蹦跳跳的呢，哇，怎么可能，这个3岁的小同学，怎么没有一点高原反应。原本给小果儿准备的氧气瓶，却被我这个妈妈用上了。继续攀登大概还有200多米，果儿爸爸继续前进了，我带着小果儿在缆车站点休息。

从玉龙雪山下来，我们去了雪山融化而成的蓝月谷，那一汪蓝绿色的水，美到让人心醉。我们所有的游客都飞奔到蓝月谷畔，去感受这梦幻般水的色彩……据说这蓝月谷和九寨沟属于同一水系的，难怪水的颜色都是同样幽蓝幽绿的，这个颜色在调色盘里轻易调不出来的。清澈的水中有几头牦牛，驮着胆子大的游客穿走在这些

"水的田地"中间。我和小果儿可不敢尝试，万一不小心，就成落汤鸡了！

小果儿，在蓝月谷畔，嗨翻了，一遍遍要求，要摸摸这漂亮的水。我呢，就一次次带她下去，鞋子湿了，起风了，一起的游客有个比果儿大点的女孩递来一件蓝色的外衣，小小的果儿穿着姐姐的大衣服，感觉非常可爱呢。果儿一会儿玩玩水，一会儿看看草，飞来飞去的看的我的眼睛都花了……看着果儿兴奋快乐的小模样，果儿妈在想，现今的孩子在和大自然的亲近远不如自己儿时，记得儿时随处可以听到公鸡打鸣，萤火虫和飞舞的蝴蝶也能轻易见到，在小溪边抓蝌蚪、小虾米发生的有趣事情还历历在目……然而现在包裹在钢筋水泥建筑群中的孩子却鲜见这些。多带孩子出来走走，亲近自然，让他们纯洁的心里都埋下浪漫的种子。

游览完蓝月谷，第二天，我们前往清末民初最大商宅院，参观了梦幻白族民居，领略到"三房一照壁、合五天井、六和同春"的民居特色。好客的白族姑娘还为每位旅客上了三道茶，在我们一一品尝的同时，漂亮的白族女孩和英俊的小伙子跳起了欢快的白族舞蹈。

在云南游览你可以看到寸瓦、寸木间这些精致，美丽的插画。感受到当地强烈的文化气息。

下午，到了丽江，这个我一直想要深入了解的地方。到了宾馆，果儿有点累了，于是，决定休息一会再去丽江古城。小睡中，宾馆过道传来旅友的敲门声，是那些先去游览丽江古镇回来的人，说游人太多，根本走不动。我们一家傍晚出发，不远处灯火通明的上空，不用问路就知道一定是到古城了。丽江古镇好似不夜城，的确，人太多，没走几步，果儿就累了，趴在爸爸肩膀上，睡着了。等有时间再自由行吧。到时候可以长住、画画，也不错呢！

4日一早，去南方最古老、最雄伟的建筑之一大理崇圣寺三塔。喜欢这里的天空、云彩。"蓝蓝的天空白云飘……"这首歌唱的就是这里吧。餐后，前往"世博园"、石林。观赏多彩的喀斯特地貌，彝族独特风情。果儿看着彝族舞蹈，有点呆住了，坐在石林茂密的草垫子上，娇小可人。

在世博园茶艺馆，品尝了云南高原茶艺，聆听茶马古道历史，了解中国茶文化的起源，重要的是了解了普洱茶的品种和品尝的方法。果儿坐在爸爸妈妈中间，对每种普洱也一一品尝，咂咂小嘴，晃着脑袋说香。茶艺师说到品普洱，茶汤入口，稍停片刻，细细感受茶的醇度；滚动舌头，使茶汤游过口腔中的每一个部位，浸润所有的味蕾体会普洱茶的润滑和甘厚；游友们品尝着、咂巴着茶入口的感觉，欢乐声连成一片，小果儿也听得仔细，配合着，砸吧着品茶，我和果儿爸看到她认真陶醉的模样，相视偷笑。

　　果儿虽小，可能不能全部体会，但是旅行的意义就在于此，让自己的视野尽可能的开阔一点，领略各地风土人情，见过很多人和事，性情自然淡定一些，在未来遇事才不至于钻牛角尖哦。

## 欧洲 （果儿5岁）

前一阵的我，对于周而复始的工作状态以及大城市的喧嚣浮华有些厌倦了，总想来一次说走就走的旅行，而欧洲就像摇曳女子摆着小手勾着我，心里想着，不管去哪里都要先去了欧洲再说……

2014年6月末的一天，带着对大自然那份宁静的向往，和异国游玩的新奇诱惑，我便开始了梦想已久的欧洲之旅。而且，带着我深爱的宝贝女儿果儿。我们一家游览了充满浪漫气息的希腊、意大利、瑞士和法国，还有宗教圣地梵蒂冈，一路上我们被各种美景、帅哥、美女、好天气，漂亮的云、优美雄伟的古建筑吸引，每每都会发出惊叹声来，13天的旅行，竟然感觉只是"嗖"的一下，就结束了。若不是拍回来的3000多张照片，提醒我曾去过的地方，恐怕光靠记忆，回北京不久就会忘却了。

## 希腊

首站是希腊的首都雅典，是希腊最大的城市和工业中心。山海掩映，阳光璀璨，空气清新、气候宜人。我们一路向世界七大人工建筑奇景—雅典卫城攀登，途径阿迪库斯露天剧场，扇形的剧场，从中间发出声音，最高最后的一排听得响亮，这个充满历史感的剧场，目前还发挥着它神圣的功能，每年都有国际音乐盛典在这里举行。据说现场效果相当棒！果儿还在剧场中央唱起了歌。我们依次参观了雅典娜神殿、厄里希翁神殿、无翼胜利女神庙、酒神露天剧场、宙斯神殿，赞叹古建筑雄伟，也深感到希腊政府对古建筑保护的意识，招揽游客和维护修缮交替相得益彰……

登到雅典卫城——"高处的城市"，爸妈和果儿一起坐在神殿的石柱下，日光从迤逦的云朵中照射下来，微风吹过廊柱，仿佛欢快的手指拨动着竖琴琴弦，悬崖下浩瀚的爱琴海一片澄蓝，波光粼粼，卫城笼着几分神秘安详之美，闭上眼睛，静静体会整个卫城最吸引人也最震撼人的正是这一份历经苦难战乱洗礼却留存下来的最平静的精神。那一根根屹立千年的石柱，摸去粗糙坚硬，叩之锵然有声，无言无语，却自有灵魂在内里跳舞。

爱琴海

坐着轮渡前往爱琴海域的三个小岛，盛产开心果的艾伊娜岛 AIGINA、摄影爱好者钟情的波罗斯岛 POROS，戴安娜王妃生前最爱的小岛伊兹拉岛 HYDRA。亲临爱琴海这些岛屿，看着碧蓝碧绿的海水，感觉连空气都流露着爱的分子，岛上，随手一拍，都是美图，那些小花、小草，桌桌椅椅和别致的小建筑都一个个谈着恋爱似得美美地展示着，我就这样被他们吸引，不断地举起相机，咔嚓，咔嚓，而果儿就是飞舞在其中的美妙精灵。

在轮渡上海风吹来甚是舒服，果儿说："哇！妈妈，有表演呢"。夹板舞台中央键盘手指挥，萨克斯大叔风流潇洒，英俊的舞蹈教练

现场教大家来一段希腊舞，人们欢快的合着节拍，踏着简单旋律的舞步，围着船甲板环跳一周，气氛就这样"嗨"了起来，小果儿融入的好快，不一会儿，看台边上的她就到了舞池中央，一会伴着音乐舞蹈，一会又坐到萨克斯大叔的舞台上椅上，俨然小小表演家。快乐的气氛让随行的团队成员放松下来，纷纷参与。度假就应该是这个感觉，旅行的深层感受是要充分体验当地的风土人情，希腊人真的很有艺术天分，任何时候，音乐一响，都会有喜欢跳舞的人，自由的舞动起来，小果儿享受其中。在轮船上睡了甜美的一觉，我们有幸看到海上日出：看着太阳一点点从海平面升起，简直太兴奋了，露出一点金黄色，一个小月牙，半个，哇，全出来了。过程很短，我们专注地看着，果儿兴奋地欢呼起来，这是果儿第一次看日出，而且是在大海上！看，果儿抓住太阳了。

## 意大利

带果儿行走在古城庞贝，这座背山面海的避暑胜地，如今正一点一点从火山掩埋中被挖掘出来，它始建于公元前 6 世纪，公元 79 年维苏威火山喷发的一瞬间被火山灰埋在了地下，却因此保留了大量古罗马帝国的建筑遗迹和艺术文物，成为世界上最为著名的古城遗址。身临古城，仿佛穿越时光隧道，重回两千年前的时空，体验古城风光，置身于千年古迹，感受当时庞贝人的智慧，于市集广场上遥望依然高耸的维苏威火山，夕阳西下景致万千。回北京后，在观看电影《末日庞贝》时，还能体会到游览时的情景。

在拥有悠久历史和辉煌古代文明的城市罗马，像个露天博物馆，随处可见精致漂亮的古代宏伟建筑物，它们的古老在我看来，却是一种奢华的时尚，每栋建筑物都个性十足，建筑的每个细节都非常考究，以至于很多设计师纷纷跑到罗马来寻找设计灵感。惊叹罗马的确是个艺术之都之余，期盼以后有机会带果儿重游罗马。一定要多逗留一段时间，细细品味。

威严壮观罗马圆形斗兽场，造型完美的君士坦丁凯旋门，万神殿、许愿池、台伯河……在真言之口果儿上演了《罗马假日》中奥黛丽赫本公主伸手放入石雕口的一段模仿秀。行走在罗马市区就仿佛走在 2000 多年前的罗马帝国，这些古老的建筑肆溢流淌着贵族的气息，

吸引着游人止步，细细的端详。

佛罗伦萨市区百花大教堂、市政厅广场，就像露天雕塑博物馆，各种石雕和铜像作品栩栩如生：《海神喷泉》《科西摩一世像《海神》《大卫》《帕尔修斯》《大力神》《抢萨宾娜女人像》《珀耳修斯与美杜萨》《小天使》《赫拉克勒斯与半人马涅索斯战斗》《墨涅拉俄斯扶起帕特罗克洛斯的身体》《强夺波吕克塞娜》《雄狮》每一尊雕塑都精美的让人膜拜。

游览水上威尼斯，在桥和船上穿行。果儿非常新奇，原来还有很多人是在水中盖楼，水上生活的。

在欧洲跟团旅行也不算辛苦的事。当地法律规定，即便是旅行大巴士，每天上路时间也不能超过8个小时，包括巴士休整和游客去卫生间的时间。所以，小果儿和爸爸妈妈可以悠闲的在每个景区自由的转转，拍拍照片，小吃小喝一会，果儿融入的很好，游览途中的每个角落，她都充满好奇，仔细地看、体会，认真地听导游讲解，一路上从未喊过累，走在大人的队伍最前端。看来旅行真的能够培养孩子适应能力及坚强意志哦。

## 梵蒂冈

在全世界天主教的中心教皇国梵蒂冈，我们参观了世界上最大、历时 150 年修建而成的圣彼得大教堂，这座雄伟壮丽的大教堂内外的雕刻、彩石马赛克的壁画，超凡入圣的艺术结晶每一件都深深打动人心，我们在期间完全被建筑及雕塑的精致、宏伟、奢华、气势震撼，魂魄都要被吸引。而此行除了圆我儿时的梦，也是想带果儿见识到真正的艺术在古代已经到达怎样的高度，在她幼小的心灵留下一些艺术的信息。

# 瑞士

瑞士花园城市，阿尔卑斯山下，我们漫步在山路上，这里太美了，人们的居住和自然景观浑然一体，不觉感慨：瑞士人民真幸福，生活在如此完美的自然里。

铁力士雪山白雪皑皑，甚是壮观。果儿最喜欢山下的天鹅湖，雪白优雅的天鹅，围在果儿身边，果一边喂它们面包，一边安静的观察它们。果儿问道："妈妈，天鹅好美啊！有没有一只是丑小鸭变得呢！"

旅行对于我们来讲可能是逃避现实生活的琐事，放飞自由，解脱自我，探索未知奇妙世界和重新认识自己的过程。行走的途上，会经历很多的考验。会让我们知道世界之大，永远有着与我截然不同的人、事、物在地球的彼端发生。见的世面广了，也就不会把自己局限在小格局里，不再愤世嫉俗。所以，旅行永远是最好、最有效的心理治疗。也许在一趟旅行后回来你就会明白自己要的是什么，不再彷徨，不再迷茫。有的只是对理想的希冀，努力，还有奋斗。

# 法国

法国时尚之都巴黎，品尝法国佳肴。在金碧辉煌、气势宏伟的凡尔赛宫驻足，宫殿极其华美，堪比我们的"故宫、颐和园"。在凯旋门、埃菲尔铁塔、协和广场、塞纳河畔、都留下果儿快乐的小身影。

卢浮宫，此行欧洲最重要的目的就是想在卢浮宫好好看看，以满足我和果儿这对美术爱好者的心愿。那些完美的雕塑，色彩斑斓的绘画，精湛美术工艺品及古代东方，埃及和古希腊罗马特色艺术品震撼到我们的心灵，果儿说："妈妈，他们画的真好啊！"是的，珍品太多了，就绘画区，三层，我们看了近6个小时，实在走不动了，果儿在爸爸怀里睡着了，照相机、手机都没电了，我们也没"电"了，可惜还是没能看够！也许很多人认为带这么小的孩子去博物馆是不是太早，他们能感兴趣吗？会不会闹着要离开。但是，5岁的小果儿，在卢浮宫的表现非常令我欣慰，5个小时多的参观过程她没有不耐烦，没有抱怨累，和父母一起每个展厅每个展厅地品味，偶尔发出赞叹。最后，真的是走不动了，才靠在爸爸怀里睡去……后来回到北京后，果儿妈为了配合果儿的学习成长，计划了北京博物馆之旅。我看到，在果儿感兴趣的动物博物馆，果儿拿着一个本，把她喜欢的动物一一画了出来，参观过程主动积极，独立思考并完成自己对动物博物馆的考察，在长达几个小时参观学习中没有离去的意思，

到是果儿妈，被动地跟着果儿的步伐呢！

整个欧洲，每个停留的城市的公园或广场，都有成群的鸽子飞来飞去，在广场上闲庭信步，自由自在。果儿很是开心，也和当地的孩子一起，每每追着鸽子喂食，亦如鸽子般快乐自由。

虽然游览期间导游也讲解了建筑的名称、由来和一些典故，但是记忆还是有些糊涂，所幸有照片，看着照片，在百度上搜索了解了这些建筑的信息，顿时感觉增长了不少知识。呵呵，记得这一路果儿总是喜欢黏着导游，经常流露出崇拜的神色，有次竟然对我说："妈妈，我好喜欢导游姐姐，她知道的真多啊！"以至于我也暗自心想，下次带果儿出游，一定提前做做功课，了解一些名胜古迹背后的故事，和果儿分享，那旅行的路上一定更加有意思……

带孩子旅行的意义就在于让孩子了解世界，提高能力，认识自己。

了解世界，绝不仅局限于学习某种外语。语言只是一种工具，比它更重要的是学习陌生的文化与历史，他国的人文与生活。

每一次带果儿去一个陌生的地方，品尝国外的食物，熟悉交通路线和公共标志，欣赏形式各异的建筑，体会种类不同的宗教现象，学习和陌生人的相处，适应各种气候……果儿总是好奇地问着，睁大了眼睛，张开了毛孔，也扩展了胸怀。当孩子看到的世界大了，他才能更加宽容、坦荡，尊重彼此的不同和差异，这就是"了解世界"的重点。而了解世界没有哪一种方式比身临其境更直接。

果儿带着激动和疲惫，收获与成长完成了旅程，但这仅仅只是开始，对于陌生国度的回忆和思考，旅途中的记忆、感受、照片，以及之后对这个过程的议论，都会让旅程的收获变得更多、更厚重。

每到陌生城市或者国家，从学习和成长入手的旅行方式都能帮助孩子在大脑里构建他自己的思考模式，跟随着父母的经验他知道了在陌生的地方需要向哪些机构寻求帮助，知道如何运用自己的资源去完成任务，而当一个人处于陌生环境中，他的优点和弱点都会表现得异常突出，这无疑给了孩子一个认识自己重塑自己的机会。

其实，也许对于一个四五岁的孩子来说，等到十几岁的时候他可能真的不记得旅行的经历和途中的见闻，但这对于他接下来的成长绝对意义非凡。

带孩子去旅行，不一定是出国，只要能经常让孩子体验不同的

环境，在陌生喧闹的人群中鼓起勇气去听、去看、去感受，这就是一种成长。

哈佛大学的一任校长曾说过，一个人生活的广度决定他的优秀程度。而从小开始的旅程就是拓展生活广度的起点。

如果可能，父母要以身作则，

与孩子一同读书，玩耍，

拥有可以与孩子共享的经验。

并将最大的快乐投入这个共享过程中。

第四章

陪着宝贝
一起重温快乐童年

噘着小嘴吧，带着一个小丫鸭帽子，大眼睛。果儿说：“妈妈画的我很像，妈妈总是写写画画的，她陪我一起生活，爸爸总是出差，还有爸爸和我在一起我总是生病，一生病他就又外出了！”

5 岁　果儿肖像画（布面油画 60×60）

5 岁

培养孩子的兴趣爱好，要从小开始。所谓的童子功，说的就是绘画、音乐、舞蹈等兴趣爱好，都要从小时候就开始培养，长大了有些爱好已经通过不断地练习进步提升，长在孩子的骨骼里，想忘都难。孩子的特长有时表现的也不是非常明显，那就需要多创造一些学习环境给孩子，让孩子涉猎广泛一点，再从中选出自己最喜欢的，重点学习。孩子也可以在学习中培养出坚强的毅力。

## 一对泥巴人

最喜欢和果儿一起玩泥巴了，那感觉就像……快乐的童年又开始了。
从她开始嚷嚷着："妈妈，陪我玩儿吧，我们今天做个什么好呢"，
妈妈和果儿就开始了快乐的探索，一堆堆彩色的泥巴，在妈妈和果
儿的捏捏揉揉中，慢慢有了自己的模样。果儿跟随着妈妈，神情专
注，有时候，捏不好，妈妈稍微协助一下，很快果儿就进入了自由娱
乐的状态，妈妈一边鼓励，一边耐心教她，捏到高兴的时候互相对视
着，呵呵笑着，小家伙体会着创作的快乐，玩儿彩泥，当然比面团儿
好玩多了。彩泥颜色丰富，黏性和手感又好，做出来的小物件都很漂
亮。妈妈也把小时候没有体验过的，借着陪伴孩子成长，一次玩个够。

果儿说要做"海绵宝宝""小猫猫""愤怒的小鸟""生日蛋
糕"……对妈妈来说，首先要考虑一下结构，色彩搭配，剩下的就是
和果儿一起行动喽。

很多时候，人们都不想长大，因为只有孩子才能想做什么就做什么，
长大了就不能随心所欲了，和果儿一起的时候，我就是自由自在的状
态，想做什么就做什么，专注，不被打扰！如果一直这样生活着，就
是幸福的。特别特别享受和果儿一起玩彩泥陶土的美好时光……

果儿捏的小熊一定要有蛋糕才高兴，做完的彩泥，不一会就变成果儿的玩具，小果儿模仿着小熊的样子嘟着嘴说"哦，你怎么这么丑？""你也不漂亮""我们一起吃蛋糕吧"，呵呵，看着果儿自导自演很是开心！！！

我常常觉得，玩彩泥孩子的作品比成年人做的生动太多，那一个个小动物、小昆虫都被孩子的小手赋予生命般的鲜活！

## 雨中漫步

小楼一夜听春雨 深巷明朝卖杏花……

周末，绵绵细雨，果儿说，带我去看看雨吧。于是和果儿各自撑了伞，去雨中漫步喽。院子里的雨水集合成的小水洼是果儿的游乐场，滴滴答答的雨滴掉落成一个个小水泡，圈圈涟漪飘荡开来。果兴奋不已，试探性地踩着那些水泡，小心翼翼的样子，让我想起自己小时候也是这般喜欢在雨中玩，一群孩子一起在雨中打闹嬉戏，自由自在。现在，孩子们被小心监护的全然没有了我们儿时的那份尽兴畅快。我对果儿说，没事，想怎么玩儿都行，衣服脏了回去妈妈洗。果儿放开了，撒欢地在水中跑来跑去，咯咯咯的笑。

果儿从一个水坑到另一个水坑，欢快的跳跃着，似乎每一个水坑都和前面的不同。果儿探索着，全身心的触摸雨滴，拼命踩水，洋溢着幸福，偶尔，调皮的冲妈妈笑笑，没被限制的快乐，银铃般的笑声让路过的人停下脚步，被果儿感染，开心地笑着，似乎也回想着童年的某个时间自己踩雨的样子……

## 一起学钢琴

果儿 4 岁多的时候，在儿童艺术中心喜欢看看摸摸各种乐器，钢琴、吉他、架子鼓……

小时候我也很喜欢音乐，可惜那时候没有条件和环境，我的老爸小提琴拉的很好，但是他工作太忙根本没有时间教我们。上班以后，倒是断断续续学了几年钢琴，也能随便弹几首曲子，但发现成人后学习钢琴就没有小时候学习那么扎实，学得快忘得也快，新的曲子上手很容易，几天不弹，忘得更快……

我觉得果儿是时候可以学学乐器了。钢琴，如果孩子能喜欢最好了，

我也可以继续圆儿时的梦，如果培养孩子的兴趣，正好父母也感兴趣，也能一起学习，大人和孩子是不是觉得更有意思呢。于是，我陪伴着小果儿开始学钢琴了。格日勒老师非常漂亮，女神级的，和果儿很有缘分，上课的时候，果儿一会对着老师笑一下，一会笑一下，小小的孩子坐直身板，认认真真学习。下课的时候，果儿告诉妈妈说："等我学完，回家，教妈妈也弹得飞快！"，果儿妈就喜欢看果儿信心满满的样子！

有时，吃完晚饭我和小果儿坐在钢琴前，一会儿她给我当小老师，一会儿我给他当小老师，弹的很开心。你听，这会儿果儿一边唱一边弹呢。"3212 333 222 333 3212 3331 22321"唱着乐谱合着音阶，稚嫩的声音让书房"偷"听的爸爸有点感动！美滋滋地看着小果儿……

原来，孩子的自信并不来源于家长全方位的优秀，反而在看到父母也有不完美时，孩子成长得更快！

## 轮滑小教练

果儿学轮滑，由于比较小，似乎总是不够自信，而爸爸和妈妈看着别的孩子滑得非常自如，在教练场总是教导果儿应该如何滑，可是，果儿总也没有表现出我们希望的样子，于是果儿妈决定自己尝试学习轮滑，觉得滑轮滑上去好像很容易学会，而且教练滑得非常潇洒有风度。

妈妈和小朋友一起跟着教练学动作，刚开始，连站起来都不会，别说滑了，走都走不到教练场，小朋友看到个个都笑了，妈妈有点尴尬。此时的果儿滑过来安慰妈妈。

妈妈看到果儿过来，有点害羞地说："果儿，轮滑好难啊，现在妈妈才发觉得你滑的不错，非常优秀哦，看我连走都不敢走"。

果儿说："不怕，妈妈，我教你。"

果儿说："妈妈，你不要怕，我在旁边保护你。"

果儿还说："妈妈，你要身体下蹲，重心前移，两脚稍带外八字，开始走，左右脚移动重心，注意不要往后仰"俨然一个小老师的样子。

的确，按照她的方法，尝试了一会……

妈妈说："咦，好像会了点。"

妈妈不会滑滑轮，果儿反倒自信了，原来妈妈也有不会的。果儿一下子好像进步了很多，直接窜到小朋友队伍的最前端，滑的飞快，小脸上洋溢出自信的喜悦……

养育孩子的过程，其实是重塑自我的过程，父母可以通过孩子，了解和感知自己年少时曾经的梦想，如果通过孩子的学习自己也能够投入其中，也许能够发现未曾了解的自我潜力……

**果儿画的美食**

# 快乐师生

果儿 4 岁多的时候，在家里教她画画，没有同龄的小伙伴在一起，感觉孩子学习的乐趣少了很多，于是，本着就近少折腾的原则，搜索了家周围的环境，看看儿童艺术培训机构都在哪里，发现距离家不到 4 公里的地方有个综合教育机构，能教孩子学习钢琴、声乐、舞美、绘画、跆拳道等。能满足我离家近、学习路程短，孩子和家长都不太辛苦的原则，而且该中心讲课程设置还比较齐全，方便孩子选择。

去现场考察的时候，看到一个现象，孩子们在教室里学习，家长都在教室外过道凳子上坐着等孩子，参加兴趣班多的孩子，家长在外面一等就是几个小时，仔细看看，有的家长累得已经东倒西歪地睡着了……也让我理解了一个不断被映证的说法：培养孩子的某种特长，实际上是对每位家长的考验，从小培养孩子的兴趣，钢琴、绘画、舞蹈等，没有坚持不下来的孩子，只有坚持不下来的家长。以前没有孩子的时候，不能理解，现在看到这个现象，终于明白了，孩子们学习新事物，只要是有趣的，大都能坚持。反倒是家长，在培养孩子过程中付出的时间还有经济成本太大，多数家长坚持不下来。但是一个爱好如果达到出众或者优秀的程度，没有 8~10 年是不太可能的，这其中有多少家长能坚持下来，孩子们只要不是被逼迫的都能坚持学，反倒是家长受不了陪孩子学习的这个漫长过程中的辛苦，多半在中途就坚持不了了。

记得有位同事告诉我一个真实的故事，她的孩子已经大学毕业了，小时候，她也陪孩子学习小提琴很多年，可是到最后还是没有能坚持下来，在大学里文艺汇演及班级交流中，孩子同班同学绽露出来的音乐、舞蹈方面的优秀才华，让她的孩子非常羡慕。回家后孩子对妈妈说，如果您能强迫我把小提琴坚持学下来就好了，那我也能在班里集体里崭露头角。那位同事现在也颇为后悔……

看了看绘画班的学生，大多和果儿一样大，教室也不大，能容纳 10 个左右的孩子，环境整体还可以，主要是离家很近，少路上折腾。我觉得可以找校长谈谈，自己也加入艺术中心教师队伍。一来可以亲自教孩子，二来绘画也是我最为喜欢做的事情了。

美术专业、幼儿美术教育 8 年经验的我还是很想自己亲自教果儿画画，最好能有其他孩子一起学习的氛围，希望能够最大限度的让孩子在绘画世界里自由自在的学习。记得二姐的孩子，小时候也很有绘画天分，但后来报了外面的美术学习班后，由于老师总是采取打击的教学方式，伤害了孩子对美术学习的兴趣，二姐的孩子从此放弃了想学绘画的念头。所以，幼儿美术教育中保护孩子的艺术天分很重要，这个阶段老师在教学中要做好引导工作，引导孩子用各种工具

和技法来表达展现自己的内心，尤其是要保护孩子与生俱来的创作灵感。教孩子对自我的认识和对绘画表现工具的各种尝试是儿童绘画的教学重点。如果孩子熟知绘画工具和技巧，他们个个都是绘画大师，孩子的思维和艺术表达语言非常有创意，甚至常常让我这个美术专业生觉得出乎意料，而我也想重新开始儿童教学，教孩子们画画其实是非常快乐的事情，孩子的绘画表现天生就丰富多彩，我也能在孩子天使般的心灵里找到创作灵感。

于是，找培训机构校长聊了聊，看了看我过往的作品，谈了谈教学规划。OK，开始给果儿他们上课喽，中心有个钢琴老师，深得果儿喜欢，第一次上课，两个人都互相喜欢对方，于是，我先开了两个绘画班，和果儿上课的时间一致，这样孩子学习新的知识，我也可以重拾绘画和从事喜欢的美术教育。

每个周末，我和果儿都非常喜欢去艺术学校，好像都是去玩儿一样，兴高采烈的，小果儿最爱上妈妈教的课程了，在班里学得非常认真，进步也很大。在艺术中心果儿的视野更开阔了，也找到了更多兴趣点，除了钢琴和绘画，果儿还学习了跆拳道，而且也越来越喜欢。女孩子学学跆拳道，能坚持到黑带级别，即强健了身体，还可以保护自己，毕竟父母不能陪孩子一辈子。

## 圣诞礼物——蚕宝宝

2014 年圣诞节前，果儿许愿说她想养小蚕，并且虔诚的望着天空，好像她期盼中的白胡子老爷爷真的能满足她的小心愿似得。果儿妈记得自己小时候也养过蚕，但是不知怎么最后只剩了一只结茧，到后来也不知道蚕是怎么生出小宝宝的，遗憾了很久。于是，想着应该要满足孩子的这个小小愿望，也可以把小时候没弄明白的事情继续探索一下。可是北方的冬天哪里有蚕和喂养它们的食物呢？最后，妈妈通过万能的淘宝买到了蚕卵和饲料等，和孩子一起等待着蚕宝宝的出生。

蚕宝宝是以卵繁殖，蚕卵看上去比细粒芝麻还要小很多，宽约 1 毫米，厚约 0.5 毫米，冬天家里的室温如果维持在 20~25 度左右，20 多天后就会出生。有天下班回到家，我正在厨房里忙着做饭，听见小果儿惊讶的呼喊声，"妈妈，妈妈，小蚕宝宝出来了，小小的，黑黑的，毛茸茸的，看啊，有一只正在抬头看着我呢！"我出来一看，真的出来了十多条，小果儿正眼睛睁得大大的盯着看呢，先拿出幼蚕饲料给这些刚出生的小宝宝吃，果儿在旁边惊奇地看着，一会说，妈妈，妈妈，你看看现在它们都抬头看我们，说有人给我们喂好吃的呢！蚕从蚕卵中孵化身体的颜色是褐色的，极细小，有很多细毛，样子有点像蚂蚁，蚕宝宝食量大，长得很快。

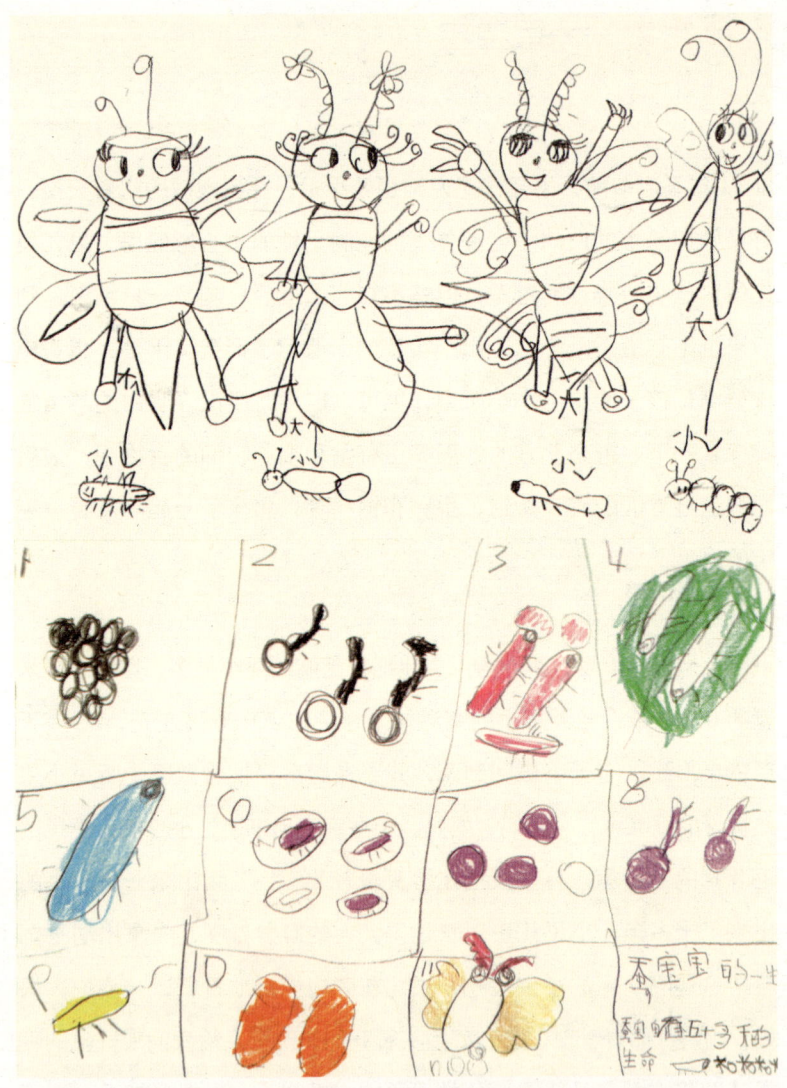

小果观察蚕儿短暂的一生，信手描绘出蚕的成长过程，并根据自己养的粉色、紫色、蓝色和白色蚕宝宝分别涂了色。画面还写道：蚕宝宝的一生，五十多天的生命……

接下来的日子，果儿和妈妈每天回家第一件事，就是给蚕喂食和清理卫生。清晨小果儿一睁眼也是先看看蚕喂喂蚕，几天后蚕长大了很多，上网查饲养方法时，看到彩色的蚕。果儿很喜欢，满心欢喜的要让自己的蚕也成为彩色的，妈妈依旧满足她的心愿，因为自己也存着好奇的心，在购买饲料的时候，购买了蓝色、粉色、紫色饲料和桑叶，而后妈妈的书桌就成了蚕儿们的养殖基地，而且是一层层立体化的，白色的、粉色的、蓝色的、紫色的，还有各种颜色混合养殖的。果儿每天用放大镜仔细观察它们，每每发出各种惊叹声。她说：妈妈小蚕宝宝不吃东西不动的时候，好像睡着了一样，就是准备蜕皮了呢！这个时候我会查查科普知识并耐心地告诉小果儿，蚕宝宝脱去旧皮之后，就进入到一个新的时期，第一次蜕皮为第一龄，醒来后进入第二龄；再次蜕皮后进入第三龄；第三次蜕皮后进入第四龄，每一次蜕皮后都会比上一次大很多，第四次蜕皮叫大眠。大眠之后蚕宝宝进入第五龄，五龄的蚕宝宝长得更快了，体长可达6~7厘米，体重可达出生时重量的1万倍左右呢！小果儿听后，说："哇噢，要长那么大啊，和我的手指一样长一样粗吗？"嘴巴张得大大的。

20多天后第一批出来的蚕开始逐渐不吃食物了，已经经历了四次蜕皮，这些蚕宝宝到了五龄末期，出现成熟的特征：先是排出的粪便由硬变软，由墨绿色变成叶绿色；吃饲料的蚕也是如此，食欲减退，吃桑叶的蚕胸部呈透明状；彩色的蚕由于身体本身色彩较重，看不

小蚕出生

白色蚕

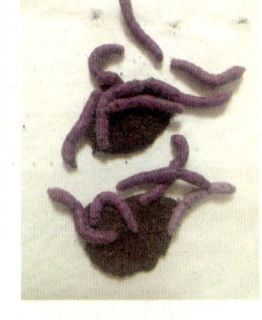
紫色蚕

蓝色蚕

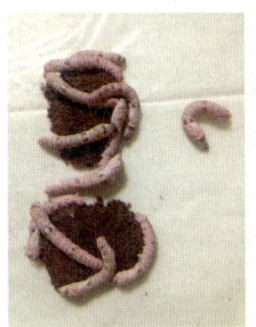
粉色蚕

混合养殖

出透明来，紧接着完全停食，身体缩短，蚕体头胸部昂起，口吐丝缕，左右上下摆动寻找结茧场所。我和果儿把这些预备吐丝的蚕放到吐丝专用的小方格纸盒中，果儿嚷嚷道："妈妈，蚕宝宝要吐丝结茧喽！对吗？""对啊，果儿，你的蚕宝宝长大了！"

结茧的过程我也不太清楚，查阅资料后仔细地告诉果儿将要发生的事情，我告诉果儿说：首先蚕会先吐一些丝，并把自己固定在我们准备的纸盒其中的一个小方格里，再用丝做个支架，这个过程吐丝的方式比较凌乱，没有规律。接下来蚕宝宝会围着身体吐出些凌乱的丝圈，然后，蚕宝宝就开始用规律的 S 形方式吐丝了。几个小时过去了，小果儿看到蚕宝宝把它自己裹在了一个椭圆形的茧里，大叫了起来："妈妈，你快过来看看吧，已经有一个薄薄的茧了，我还能看到咱们的蚕宝宝在里面吐丝呢！"我走过去一看，可不是嘛，茧很薄，还能看见里面的小蚕儿沿着 S 形吐丝摇头晃脑的模样儿；我和果儿继续观察，蚕宝宝好像比吐丝前小了很多，估计是肚子里的丝吐出不少的缘故。又过了一会儿，它把头和尾部向后一弯，自己卷成"C"字形，继续吐丝，蚕茧越来越厚了，我和果儿快看不到它了，这时它吐丝的路线又发生了变化，吐丝方式由 S 形改变成 ∞ 形，蚕宝宝像是被军训过的战士一样，一丝不苟的在身体周围沿着 ∞ 形吐着丝，茧越来越厚，又过了几个小时，我和果儿再去看时，就只能看到蚕茧喽！就这样，第一批小蚕们渐渐地吐丝缠绕越来越厚，直到一个个把自己严密地藏在蚕茧里。

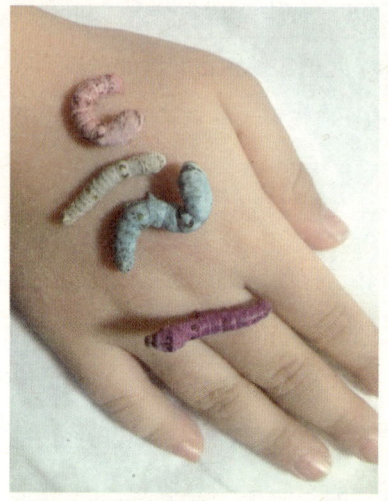

和蚕儿对话

结茧

彩色的蚕茧蚕卵

蚕蛾产卵

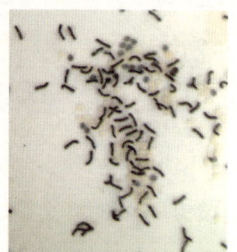

幼蚕出世

有些科普知识小果儿不一定马上听懂，但是她能观察到蚕是怎样缠绕出支架，身体如何成为 C 形，以及绕着 ∞ 字一点点吐丝成椭圆形的蚕茧，蚕茧很薄时还能看到里面的蚕吐丝运动的轨迹。从果儿发出的赞叹声："妈妈，真的是像你说的那样蚕宝宝的嘴吐得是 S 形的呢！还有，还有，它真的越来越小了。"我能够体会到果儿在养蚕的这个过程中对学习新知识的渴望和获得知识后的无限快乐。

接下来，果儿对这些结出来的蚕茧，充满好奇，总是问我："妈妈，我们的小蚕怎么了，它们把自己关起来，什么时候出来呢？"我告诉果儿："再过 4、5 天，茧里的蚕宝宝会变成蛹。妈妈也没有见过蚕蛹的样子，网上说蛹体形像一个纺锤，分头、胸、腹三个体段。头部很小，长有复眼和触角；胸部长有胸足和翅；鼓鼓的腹部长有 9 个体节。而且，果儿，这个过程我们是看不到的，都是在蚕茧里完成的。"

果儿又问："那它们是死了吗？再也出不来了吗？"眼看着要快哭了的果儿，我继续说道："不会啊，蚕宝宝成为蚕蛹后，再等两周左右，蚕蛹从软软的淡黄色逐渐变硬变成褐色，最后会变成白色的、美丽的、带着小翅膀的蛾子，蛾子退掉最后一层皮，会从蚕茧里爬出来的，出来后你又可以看到它们了。"果儿马上不哭了，每天放学回到家，就守在蚕茧边上等一会，看看哪个蚕茧最先爬出漂亮的蛾子。后来，妈妈还剪开几个蚕茧让小果儿了解这个过程。

小果儿的蚕先后成熟了 60 多只，同样结了 60 多个蚕茧。蚕结茧两周左右后，最先结茧的几只蚕茧上出现了圆圆的小孔，退完最后一次皮的蚕变成蚕蛾从蚕茧里爬出来了，浑身雪白，带着一对小小的翅膀，头部还有一对黑色羽毛般的触角，果儿说它们可真漂亮，像白色的小天使一样。

接下来的日子，我和果儿看到从蚕茧里陆续爬出来不少蚕蛾，肚子小一点的是雄蚕蛾，肚子圆圆大大的就是雌蚕蛾。雄蚕蛾和雌蚕蛾尾部要紧密的粘在一起，大概 1 天的时间，雌蚕蛾开始排卵，一只雌蛾可以产下 400~500 粒蚕卵，产卵之后，再过 1 周左右，不吃不喝的蚕蛾就一动不动的死去了。这是因为蚕化成蚕蛾后口器退化不能吃东西了。 开始不知道，果儿还拿了不少桑叶喂蚕蛾呢，嘴里还不停地说："生孩子太累了，吃点东西吧。"知道蚕蛾没有嘴后，果儿很难过地对妈妈说："蚕宝宝真可怜，就活这么短，要是有嘴能吃东西，估计就不会死了。"

那些蚕卵的颜色，刚产下时为淡黄色或黄色，经过 1~2 天变为淡赤豆色，再经 3~4 天后又变为灰绿色或紫色，之后，就算是成熟的蚕卵了。我告诉果儿蚕卵外层是坚硬的卵壳，里面是卵黄与浆膜和鸡蛋的结构很相像。对了，我们养育的彩色蚕化为蚕蛾后生出的蚕卵也是带有颜色的，看着这些蓝色、粉色、紫色的细小蚕卵，小果儿又嚷嚷道："这是我们的彩蚕生的彩色小宝宝哦！也是彩色的呢！"

通过养蚕，在蚕宝宝短暂的 50 多天生命中果儿学会了关爱，全身心的投入，每天坚持喂养和清理照顾蚕宝；惦记、挂念它们，果儿学会了对生命的尊重。在后来的某一天，看见采花朵的小朋友，她会上前制止说："不要采，在树枝上花儿还活着，采下来花儿就死了。"

4 月随着天气逐渐变暖，蚕娥们生出的卵也开始孵化了，它们一个个从卵壳中爬出来，今天早晨，果儿观察她的蚕宝时，忽然大喊："妈妈，妈妈，小蚕宝宝们出来了，它们又抬头开始看我，我要把他们送一些给我班上的小朋友们……"哈哈，新的轮回又开始了。

害怕孩子落后于别人，强迫孩子学习不愿意学的知识，会削弱孩子的意志。寻找合适孩子的教育方法很重要，找到了要坚持下去。用宽容的心原谅孩子犯的错误，用温暖的话语包容他们，孩子确信得到父母的承认和爱时，才能自己有信心，能力和运气才会生根发芽。

第五章

最幸福的事是
我陪你长大，你陪我变老

陪伴果儿的童年，我仿佛也跟着重新过一遍。关注果儿，用画笔
记录下果儿的童年是件非常开心的事情！

6 岁　闻花香（布面油画 60cm×80cm）

6 岁

学校开学了，问果儿轮滑课还要不要上，果儿说：
"上啊，不过，也可以不上。"妈妈说："那你喜
欢不喜欢，想不想滑得像老师一样，感觉像小鸟飞
翔一样自由呢？"果儿说："当然想了"，妈妈
说："那我们就继续报名学习，再坚持几年，你就
会滑的非常优秀了。"果儿想了想说："就像你画
画一样坚持吗？"妈妈说："对啊，但妈妈画画的
时候很快乐啊，一定是快乐的坚持哦！"

## 最幸福的事情是我陪你长大，你陪我变老

陪着果儿从出生到上学的点点滴滴就像电影片段一样，一段段呈现在我眼前。

培养孩子的各种兴趣、爱好，家长不能着急。果儿在家练习弹钢琴，开始的时候，总有错，一次，我在一边听着，一着急，训她了。孩子低着头，默默地弹，半天不出声，一摸小脸，流泪了。哎，不能这样，才5岁的孩子，我总用成年人的高度来要求孩子，看到孩子委屈难过的模样，我自己觉得有点过了，作为家长一定要克制自己。引导、协助、宽厚的爱和耐心才是我在孩子学习的过程中应该做的事情。慢慢地等待，默默地支持，果儿自然会好好学习、茁壮成长，抱歉了，我的小果儿，妈妈着急了。让生活的节奏再放慢一点，再轻松一点……

每天和果儿一起上班上学，下班下学，虽然有点辛苦，但是看到她每天快乐的学习新知识，叽叽喳喳地和我分享学校的趣闻，一会闻闻路上的花，一会看看井盖上的字，奔奔跳跳的快乐样子，感染到我，对了，就享受这段和孩子一起成长的过程，陪伴果儿一起重新再长一次……

果儿想坐双层巴士，于是下班到学校接上她，带她坐了双层巴士，我们就随便地坐着，开到哪算哪。果儿上到巴士第二层，找个窗边的位置坐下，说我好高哦、公共汽车的顶原来是这样的。下面的汽车好多啊……上下楼梯的时候说，妈妈，我自己能行！第二天早上一睁眼，果儿乐呵呵地告诉我说："妈妈，我已经坐过所有的交通工具了，飞机、轮船、火车、地铁、公交车、双层巴士、小汽车、摩托车，对了还有你的电动滑板车和我的小小自行车……"

开国画课了，孩子们很喜欢，看来笔墨纸砚这些传统文化精髓的代表，还是很有生命力的。孩子们体会着毛笔、水和墨的融合，在宣纸呈现出来的层次变化，每一笔的不同感受，投入在其中，乐趣多多啊。教孩子们画画是件非常开心的事情，孩子们呈现出的画面感觉，总是灵动和富有创意的，相对于同样画面，孩子的理解和表达语言也完全不同，看着他们紧紧跟随老师的节奏，投入的思考，愉快地创作，开心的课堂氛围，这就是绘画应该赋予孩子内心世界的色彩！

孩子们最为喜欢的一门课程就是陶泥课，上课时果儿妈像个孩子王，领着一群孩子玩泥巴，果儿更是快乐无比，老师和孩子们一起投入，有时候果儿妈也觉得自己并不是在上课，而是在和小伙伴们一起玩耍。

三八节到了，老师问孩子们想给妈妈送花吗？都说要，还要把花种

孩子们的画儿

在花盆里，快下课的时候，一排红的、粉的、蓝的、紫的、黄的玫瑰花盛开了……

有个小朋友说："老师、老师，我好想用陶泥做一只小乌龟啊！"我说：好啊，喜欢什么颜色的乌龟，就拿出什么颜色，先认真揉圆、然后，把边压扁，仔细看着老师的手，我们先做成鼓起的半圆形，好了，非常好，这就是小乌龟的乌龟壳了；接下来我们在壳上做几个不规则的小圆点，这些圆点代表乌龟壳上的纹路。哦，小朋友们的乌龟壳做的真不错。现在拿出肉色的陶泥来，我们做出小乌龟的小脑袋和四肢、眼睛，对了还有细细的小尾巴，我们可别忘了做，没有尾巴的小乌龟在水里可是没有办法掌握平衡的。不一会儿，课桌上就爬满了各种颜色的乌龟，活灵活现的，有个孩子问道：老师我们给小乌龟吃什么东西呢……呵呵，估计是太喜欢了，倒忘了它们是自己刚刚捏出来的。

画的猫咪生动可爱

蓝天，暖风，小小骑手出发了！

6 岁的小果儿可以和爸妈一起骑行。

没有雾霾的周末，一个三人的骑行小队伍开始出动……

# 骑行，竟然变得如此拉风！

周末，去郊区骑行。一家人外出呼吸点清新空气，接触接触大自然！一路上骑行装备吸引过往眼球，回头率超过 100%，还好有防晒玻璃，有色，不然被这么关注，感觉一定会不自在的。呵，真没想到骑行如今变得如此拉风。

记得小时候，每个孩子都有骑自己父母大自行车的记忆，那些"掏鸟"倾斜着身体很溜地穿行在马路上的孩子几乎随处可见，我也是其中之一。现在，这个最为简单的锻炼出行方式，竟然可以和时尚挂上关系。

果儿坐在爸爸身后，一路飞歌，快乐如小鸟，展翅飞翔！

在郊区骑行，飞驰在山路上，两侧风景优美，常常让人觉得人车合一，那种驾驶的快乐感觉，和在市区骑行完全不同。看到美景，我们直接骑过去。于是，和小溪、树木的约会变得相当容易。碰到大下坡和转弯的地方，感觉自己像是在天空中翱翔，自由畅快，享受着骑行带来的特有感受，果儿开地笑了！

骑行中，偶尔果儿一会儿回过头给妈妈一个飞吻，一会儿又噘起小嘴要妈妈亲，骑车的妈妈也飞吻一个传过去……

周末阳光明媚，一家三口又开始骑行了，蛰伏了 4 个月的"战车"出来透透气，一路小风吹得暖，春的气息来喽！

果儿用彩泥捏的自己骑行的样子

# 想和果儿，一起学古琴！

我最喜欢的乐器是古琴，第一次听古琴演奏就喜欢上了它，古琴的声音非常特别，不似二胡如泣如诉，却比二胡委婉缠绵，那种回旋往复的缠绵，有点让人心痛；古琴不如古筝响亮欢快，演奏效果立竿见影，却平和沉稳，有一种往心里去的沉吟；也不像琵琶那么锋芒毕露，大珠小珠落玉盘式的直截了然。古琴细腻含蓄，指法不动声色地控制着轻重缓急。这样的声音决定了它不宜作合奏乐器，而适合独奏。能与古琴相和的，唯有箫，箫的幽怨迷离和琴的古雅通脱糅成林下之风，超脱现实之境，古琴的声音非常让人迷恋，泛音轻灵清越，散音沉着浑厚，按音或舒缓或激越或凝重。真正体验到余韵袅袅、象外之致的味道，就好像一炷香慢慢地在空中舞蹈，且实且虚，缭绕而去，又仿佛中国画中的那种水墨烟云……

太喜欢古琴的琴音，第一次接触它是我在上班后的第6个年头，那时刚来北京不久，参加一个好朋友的音乐雅集。也就是在那个雅集中，第一次听到古琴和箫的合奏，那柔美跌宕幽幽缠绕的乐音一下子刺入我的内心，雅集之后，我便为之痴迷，和好友相约一定要学会古琴，之后的日子便开始买古琴，请老师，周周上课；爱到不行……只可惜后来，老师缺位，学习费用节节攀升辗转几位老师，等等，终没能坚持。

果儿画的小鸟

古琴是中国古代最古老的乐器之一，是中国最早的弹弦乐器，有三千多年的历史，为中国最重要的传统民族乐器之一，称为"国乐之父"，在古时文人心中视为高雅的代表，琴音悠远，高山流水流传至今。古琴被誉为哲学性的艺术或艺术性的哲学，属"琴棋书画"四艺之首。是古代每个文人的必修之器，历史上的著名琴家有孔子、蔡邕、蔡文姬、李白、杜甫、宋徽宗、嵇康等。我的第一位古琴老师是中国人民大学的一位学者，教我的时候已经 70 多岁了，古琴知识渊博，每次听他的课，都觉得是去学习古代文化知识，2 小时的课程常常听得忘了时间，他讲到古琴和古筝区别时说，古琴是古代王公贵族把玩的乐器，多是风流倜傥的公子，正襟危坐，娓娓而弹；给自己听，或约三两好友品诗论酒。而古筝则是古时青楼女子演奏的乐器，古筝多为取悦他人，而古琴才是文人墨客娱乐自己、陶冶性情的。你看到演奏古琴的乐师往往坐姿端正，只有手指在琴弦上用"勾""提""抹""挑""抡"等指法含蓄弹奏；而古筝演奏表演者常常身体随乐音婀娜摇摆，手指演奏的动作也很夸张，原来如此……这让我更加醉心于古琴。

古琴造型独特，本身就充满着传奇的象征寓意，比如，它长三尺六寸五分，代表一年有 365 天，琴面是弧形，代表着天，琴底为平，象征着地，又为"天圆地方"之说。古琴有 13 个徽，代表着一年有 12 个月及闰月。古琴最初有五根弦，象征着金、木、水、火、土。古时周文王为了悼念他死去的儿子伯邑考，增加了一根弦，武王伐纣时，为了增加士气，又增添了一根弦，所以古琴又称"文武七弦琴"。古琴有 100 多个泛音，是世界上拥有泛音最多的乐器。古琴有自己的记谱方法（简字谱），至少有 1500 多年的历史。古琴现存有 150 多部古琴谱，包含着 3000 多首古琴曲流传下来。在古代，我国文人雅士几乎家家都有古琴。孔子也是古琴的推崇者，他所教授的六艺"礼、乐、射、御、书、数"中，古琴是必修乐器，孔子是想通过古琴来陶冶人的情性。古琴造型优美，常见的为伏羲式、仲尼式、连珠式、落霞式、月形式等。主要是依琴体的项、腰形制的不同而有所区分。我的琴就是仲尼式。时间久了古琴琴漆就会有断纹，它是古琴年代久远的标志。由于长期演奏的振动和木质、漆底的不同，可形成多种断纹，如梅花断、牛毛断、蛇腹断、冰裂断、龟纹等。有断纹的琴，琴音透澈、外表美观，所以更为名贵。这些古琴知识都是那位 70 多岁老师教授我的，每次去上课他都用缓慢而轻柔的声音娓娓道来，从古琴的历史到古琴的造型渊源，再到古琴的九嶷派、岭南派、梅庵派、浦城派等各个"琴派"；以及古琴在历史各个阶段的典故都会涉猎。教授的内容丰富，宽泛，趣味；往往能将我们引入古时文人墨客求学古琴的境地。可惜老师后来病重，久病床榻不能再教我们，为此遗憾很久。也感叹我中华大国古琴文化渊博。

然而，由于古琴"简字谱"难懂，学习多为老师言传身教，不易普及，正如古琴老师说的，整个中国真正研习古琴的人不出 2000 人，虽然有点夸张，但是和钢琴的普及程度相比，知道了解和掌握古琴的人确实极少。我每每想到这么绝美的乐曲有失传的可能心里就很痛……
想着终有一天一定要好好研习古琴，掌握它的演奏技巧，也可以作
为中国文化的传承人。

一直想和果儿一起做的事，就是能够一起研习古琴。但是，根据自
己曾经粗浅的学习古琴的经验来看，学习古琴"简字谱"首先需要
要掌握中国汉字，"简字谱"每个字的结构主要是对古琴弹琴者左
右手指法的记录。必须先认识汉字，了解汉字的结构偏旁，这样理
解"简字谱"就会容易多了。我在耐心地等待，到果儿小学四年级后，
再开始培养她对古琴的爱好，也把我对古琴的这份痴迷，推进一步。
目前果儿对钢琴的学习，就是希望她能掌握一定的乐理知识，今后
能在古琴的研习中有所帮助……

有一天，在擦拭我的古琴时，果儿要弹弹，简单教了一点，小家伙
好像非常喜欢古琴发出的乐音，这让我很期待……
还想和果儿一起写毛笔字……
还想和她一起滑轮滑……
还想和她一起……

最幸福的事，就是和果儿一起慢慢走下去…… 我陪她长大，她陪我
变老。

果儿上小学了，开始有学习任务，每天有作业要做，是个不小的变化，要培养孩子学校学习的良好习惯：晚上集中时间做作业、临睡前收拾好书包、早上起床加快穿衣速度的习惯；还要适当增加运动。

孩子也从幼儿期成长为儿童了，对于我们这些只有一个孩子的父母，只有用耐心和爱陪伴着孩子成长，在以后的岁月里，回想起来，才不至于后悔。

对于果儿的养育，我也没有太多经验，只能是边走边摸索，但是肯定的，就是自始至终对果儿充满爱意，尽可能与孩子温柔的交流，倾听她的心声……

瑞士铁力士山下，天鹅湖畔，果儿和天鹅为伴。雪白优雅的天鹅，围在果儿身边，果儿一边喂它们面包，一边安静的观察它们。果儿问："妈妈，天鹅好美啊！有没有一只是丑小鸭变得呢？"

天鹅为伴（布面油画 100cm × 50cm）

后记

长头发飘起来（布面油画 40cm×80cm）

果儿在 2 岁多的时候，就开始喜欢涂涂画画，最早是在家里的墙上、高低床的顶棚上，后来，妈妈为了保护房间不被果儿全部涂满，就给她提供了大量的纸张和各种笔，自此，果儿每天最为活跃的活动就是"画画"，想什么时候画就什么时候画，有时候一两个小时都在书房里安静的画着，偶尔也会把纸和笔带到餐桌、卧室，小家伙很开心地用绘画的形式自由地表现着自己的内心。

而果儿妈也是因为看到果儿对画画的这份自由和热爱，重新拿起了画笔，一起陪孩子玩……希望小果儿不受限制的在绘画的世界里自由的成长。

绘画本身是一种复杂的精神活动，是儿童最直接的、最自由的、最便捷的情绪表达方式。通过绘画，孩子可以充分表达内心情感和对外部世界的感受。孩子通过自己的亲身体验和敏锐的观察力、丰富的想象力，把见到的有趣的事、人物、动物、环境、大自然用手中的画笔表达出来。

小朋友通过仔细观察对面的小伙伴，画出的感觉十分不同，细节观察表现得很到位。

儿童画画本身是玩，是游戏，是发泄，是自我调节的一种途径和表现。孩子们在大自然中感受自然美，通过观察用绘画的形式表达出来的，通过分析比较出物体的区别和差异，过程中又能够搜集素材，扩大视野，丰富想象力，接触和了解外部世界。绘画能培养孩子眼、脑、手的综合适用的能力。

老师和家长，要给孩子们创造一个良好的气氛，引导孩子乐意观察，把孩子带到美好的环境中，让孩子们接触大自然和美的事物，启发孩子通过观察、思考，进而创造。如美术写生课，要求孩子们通过仔细观察画出对面小朋友的样貌来，孩子们观察的非常仔细，小朋友梳什么发型、穿什么样式、颜色的裙子，眼睛和嘴巴的样子都观察的非常到位，画面出来的效果就很生动。

孩子们在画画时，本身就是一种创作，通过对环境事物的观察，把身边的所见、所闻加以联想，充分发挥自己的想象能力，以非常兴奋的心情、眉飞色舞、神采飞扬、边画边说进入角色，自由发挥、随心所欲地大胆表现，创造力、想象力在绘画中得到具体的体现。

家长和老师还要理解，孩子的年龄都比较小，对自己的能力不能做出评价，在他们画完画以后，不仅陶醉于自我欣赏之中，更希望得到老师、家长的表扬。这种表扬会使孩子得到满足，增加孩子的愉快感，会进一步激发和调动他们的积极性和潜能。孩子会像被点燃

的柴火一样，越烧越旺，对绘画的兴趣越来越大、越来越主动、灵活，信心十足，家长和老师要以鼓励引导为主。

孩子们对观察到的素材进行整理、加工，就是"创作"。创作绘画题材就是各种知识和经验的重新组合，知识贫乏的孩子是很难进行新颖创作活动的，多培养孩子对周围事物的兴趣，给孩子自由创作，自由表达、自由探索事物的机会非常重要。要教会孩子怎样自己画画儿，孩子每天都会看到周围的世界，如果不加以提醒、引导他们观察，他可能视而不见，也不会注意观察物象的形状、色彩等变化。要对孩子进行及时的提醒，引导他们的注意力。那么孩子的绘画创作的能力便会提高。只要孩子想画，不失去信心，就一定会画好画。

绘画是智慧的艺术，创作一幅好的作品，没有一定的知识是难以做到的，即使有很好的素材，我们的眼睛睁的再大，脑子空空如洗也没有用，难以燃起智慧的火花，找不到灵感和创作的表现手法，更别说画出使人高兴、让人难以忘怀的好作品。知识面越宽，画出的作品就越有深度。比如我们要画一幅"探寻宇宙的秘密"，就需要平时积累宇宙太空方面的知识，对宇宙神奇的奥秘有了一定的了解和探究的精神，才会使你脑海里的"知识内存"越来越大。知识积累在绘画创作中非常重要，当孩子们的知识积累真正在绘画中得到应用时，就能燃起他们继续求知的欲望。正如 6 岁的果儿，常常会问很多问题。比如：土是怎么来的？冬天为什么冷？夏天为什么热？小孩子是怎么生出来的？太阳在哪里？月亮和太阳能一起出现吗？孩子在不断探索自己未知的领域。掌握这些知识的同时，孩子的绘画语言也更加丰富起来。

还需注意的是：培养孩子绘画和音乐舞蹈等方面的爱好，不一定非要让他们成为什么方面的专家，不能强迫。要用一种放松的心态引导孩子，要培养孩子的视野和情怀，不要让孩子仅仅懂得生活就是生存，生活中还有诗情画意。这些良好的爱好就如同不离不弃的好友，

在未来的岁月时时相伴，提高孩子生活的幸福指数。借用现在流行的一段话来说明："生活不仅仅是眼下的苟且，还有诗和远方……"

如今处于知识经济时代，我们最需要的是创造力。美术被公认为是对儿童创新意识培养最有效的方法之一。绘画则是影响儿童创新意识形成和发展的重要因素……

那么，让我们孩子手中的画笔动起来吧……

家有小女初长成　小荷才露尖尖角

（京）新登字083号

**图书在版编目（CIP）数据**

果儿，妈妈要画你一辈子 / 肖琪著.—北京：中国青年出版社，2016.9
ISBN 978-7-5153-4487-4

Ⅰ.①果… Ⅱ.①肖… Ⅲ.①家庭教育 Ⅳ.①G78

中国版本图书馆CIP数据核字（2016）第221875号


责任编辑：李　茹 liruice@163.com
装帧设计：瞿中华

出版发行：中国青年出版社
社址：北京东四12条21号
邮政编码：100708
网址：www.cyp.com.cn
编辑部电话：（010）57350508
门市部电话：（010）57350370
印刷：北京科信印刷有限公司
经销：新华书店
开本：880×1230 1/32
印张：8
字数：50千字
版次：2017年1月北京第1版
印次：2017年1月北京第1次印刷
定价：38.00元

本图书如有印装质量问题，请凭购书发票与质检部联系调换
联系电话：（010）57350337